정건출,
조선기술사로 살다

정건출, 조선기술사로 살다

Professional Engineer Shipbuilding

정건출 지음

역사공간

훌륭한 멘토,
기특한 멘티 되기

"아무도 찾지 않는 바람부는 언덕에, 이름모를 잡초야"

나훈아 님의 '잡초'라는 노래 가사의 한 구절이다.

30여 년 동안 직장 생활을 하면서 나는 '잡초 같은 삶을 살아왔구나' 하는 생각을 한다. 설계실에서 시작하여 개발부서와 기술영업부를 거쳐 사우디 현장까지 경험하고 지금은 회사를 옮겨 친환경 선박 개조 관련 업무를 수행하고 있으니, 여느 조선업에 종사하는 직장인으로서는 상상하기 힘든 삶을 살아온 것이다.

통상적으로 한국 제조업계의 경우, 한 부서에서 동일 업무를 하며 꾸준히 성장하는 것이 승진에 유리할 뿐 아니라 전문성을 인정받기도 쉽다. 그럼에도 불구하고 스스로 자원하여 새로운 부서로 옮긴다는 것은 만만한 도전이 아니었다. 기회도 흔치 않았고 조직 내에서 허락을 받아내기는 더더욱 어려웠다. 게다가 새로운 조직에 적응하고 성취감을 느낄 수준까지 성장하기 위해서는 상당한 노력이 필요했다.

변화를 두려워하지 않는 잡초 같은 근성을 가지지 않으면 쉽지 않는 과정들이었다. 이런 근성은 단지 적응만 하고 성장과 변화를 하지 못하면 노랫말처럼 살아는 있지만 아무도 찾지 않는 고립된 구성원이 될 수밖에 없다는 의미이기도 하다. 그래서 나는 자칭 잡초과 중에 으뜸으로 치는 '민들레 같은 인생'을 살고자 했고 그렇게 살아왔다.

식물이 번식하는 방법은 다양하다. 우리가 흔히 최고라고 생각하는 산삼의 경우, 산새들이 산삼의 씨앗을 삼키고 그 씨앗이 든 배설물을 배출해 여러 곳으로 흩어져 번식을 하지만 성장에 필요한 환경을 만나지 못하면 제대로 살아남지 못한다. 반면 민들레는 단지 바람의 도움만 있으면 어디든지 날아가 번식을 할 수 있다. 흙과 햇빛만 있으면 어디서든지 살아남는다. 담벼락이나 비탈진 돌 틈 사이 일지라도.

그렇게 자라서 수백 개의 꽃씨가 되어 새로운 장소와 환경에서 그 변화에 적응하면서 번식을 한다. 그렇게 척박한 땅에서 자라난 민들레의 뿌리는 약재로, 잎은 식용으로 쓰이는 아주 유용한 놈이라 더욱 좋아한다. 특히, 꽃자루를 불면서 소원까지 빌 수 있는 소소한 기쁨까지 주는 봄의 전령인 노란 꽃잎을 가진 잡초과의 민들레가 난 참 좋다.

잘 꾸며진 꽃밭을 보면서 많은 사람들은 '이쁘다, 멋지다'라는 감탄을 쏟아내지만 정작 민들레를 보면서 그런 감탄은 하지는 않는다. 하지만 잡초과이기는 하지만 민들레와 같은 삶을 살다보면 간혹 특별한 경험을 하게 된다. 어떤 환경에서도 살아남을 수 있다는 자신감만 가지고 있으면 새로운 변화와 도전에도 두렵지 않다. 흔쾌히 나눠주고 베풀고자 하는 마음만 가지면 주위가 온통 꽃밭이다. 가진 것을 내려놓고 민들레 꽃씨처럼 훌훌 날아오를 수 있는 자유로운 영혼을 가질 수만 있다면 얼마나 행복하고 평안할지 상상해보라.

오래전 아끼는 후배에게 '선배님은 나의 인생 멘토입니다. 선배님을 만나 같이 생활하게 된 것은 정말 행운이라고 생각합니다.'라는 손편지를 받은 적이 있다. 이 편지를 받았을 때가 직장 생활을 하면서 가장 큰 만족과 행복감을 느꼈던 순간으로 기억한다. 아직도 이 감사의 손편지는 나의 핸드폰에 저장되어 술자리에서 큰 자랑거리로 사용되고 있다.

이렇게 변화를 두려워하지 않고 성장할 수 있었던 과정에는 훌륭한 선배 멘토님들의 가르침도 있었고 스스로 겪으면서 체득한 삶의 지혜 그리고 지치지 않도록 힘이 되어준 많은 후배 멘티님들의 응원이 있었다.

이 글을 통하여 내가 성장하면서 만났던 많은 훌륭한 멘토분들과 그분들로부터 받았던 가르침의 내용, 그 가르침을 받아들이면서 성장해 왔던 멘티로서의 나의 자세와 경험을 소개하고자 한다.

그리고 이 글을 읽고 많은 분들이 조그마한 노력만으로도 소소한 그러나 너무나 뿌듯한 말 '당신은 나의 진정한 인생 멘토이십니다.'라는 말을 사랑하는 후배들에게 들을 수 있음을 공감하고 또 경험해 보길 소망한다.

차례

훌륭한 멘토, 기특한 멘티 되기   4

Part 1 씨앗은 햇빛을 받으며 싹을 틔우고

마흔 살이 되기 전에	11
빨간 등대, 하얀 등대	18
축적의 시간	25
꼰대 찬양	34
소심한 리더십	43
돈키호테	52
눈높이 교육	61

Part 2 새싹은 바람에 흔들리며 수목이 되고

참용기 그리고 스펀지	73
흐르는 강물처럼	82
거절당하기	91
라이벌 그리고 변화	99
백일잔치	110
결정은 너의 몫	118

Part 3 아낌없이 주는 나무

흔적 남기기	127
가슴 뛰는 삶	136
기본으로 돌아가기	144
스스로를 모티베이팅하라	152
물꼬 틔우기	159
소중한 관계는 보험이다	168
아낌없이 주는 나무	176

Part 4 민들레 꽃씨가 되어

혼자 있는 시간의 힘	185
자연, 여유와 함께 한 북유럽	194
아이들에게 줄 수 있는 것	202
나 홀로 여행, 지치지 않는 힘	212
발길 닿는 대로 걷기	222

참고문헌	230

Part 1

씨앗은 햇빛을 받으며
싹을 틔우고

마흔 살이 되기 전에

"정 대리, 내가 왜 기술사 자격증에 도전한 줄 아나?"

1997년 어느날, 같은 과에 근무하던 나의 영원한 멘토 P선배께서 매년 10명 이내 정도만 합격이 가능한 조선기술사 자격시험에 합격한 후 가진 축하 회식 자리에서 던진 질문이다.
"도전하신 특별한 이유가 있으신가요?"
"내가 마흔 살이 될 때까지 뭔가 의미 있는 것 한 가지라도 꼭 이루고 싶었거던!"

그저 회사와 집을 오가던 삼십 대 끝자락 어느 즈음에, '마흔 살이 되기 전에'라는 이 한마디가 오랫동안 내 가슴 어딘가에 꼭꼭 숨어있다가 불쑥 고개를 내밀었다. 10여 년 동안 근무하던 종합설계부를 떠나 신규 CAD 도입을 위해 결성된 개발부서에서 새롭게 일을 시작 하던 즈음이었다. 조선 공학을 전공한 후 전공과 가장 밀접한 선박 설계 업무를 뒤로 하고 전산개발부서로 옮긴 후 '지금까지 내가 해온 능력을 나중에 어떻게 증명할 수 있지?'라는 의문이 들었다. 이전 많은 선배들이 한 번 옮긴 뒤 기존 부서로 다시 복귀하는데 어려움을 겪는 사례를 많이 보아왔기 때문에 조금은 걱정도 되었다. 이때 오래전 술자리에서 가볍게 던진 P선배의 한마디가 자그마한 파장을 일으킨 것이다. 그때 그 말 한마디가 그렇게 오랫동안 마음속 어딘가에 꼭꼭 숨어있었다는 사실에 한 번 놀랐고, 새로운 일을 시작하는 힘든 상황에서 이런 기억을 떠올린 나 자신에게 또 한 번 놀랐다. 그렇게 기술사 시험에 도전해 보기로 용기를 가지게 되었다.

그 당시에는 기술사 시험에 도전한다는 것이 지금보다 더 어려웠던 것 같다. 관련 학과를 졸업한 후 관련 업종에 6년 이상 근무를 해야 시험을 칠 자격이 주어질 만큼 어려운 시험이었으며, 지금처럼 인터넷에서 기출문제를 확인할 수 있는 방법도 없었고, 특히 조선 기술사는 특별한 기술사 관련 교재나 강의가 없었기 때문에 도전하기가 막막했다. 조선 기술사 취득을 위해서는 조선공학 기본 개념에 더하여 선박 설계에 관련한 구조 설계, 의장 설계, 전장 설계 및 각종 법규에 대해서도 공부해야 하는데 그런 자료를 구하는 것부터 만만한 일이 아니었다. 기출문제도 한국산업인력공단을 직접 방문하여야 확인이 가능했으며, 그동안 근무하면서 확보한 많은 자료를 기출문제 기반으로 분류하여 정리하고 암기해야 하는 과정은 많은 시간과 노력을 필요로 했다.

막연하게 느껴지던 그 도전을 가능하게 해준 것이 가까이에 있는 나의 멘토 P선배님 덕분이었다. 비록, 특별한 지도를 해주신 것은 아니었지만, 나랑 비슷한 경험을 보유한 분이 도전하여 합격하는 모습을 본 것만으로도 도전할 용기를 주신 것이다. 그렇게, 일여 년의 준비 과정을 거쳐 당당히 조선 기술사 자격증을 취득하게 되었다. 마흔 살이 되기 딱 2년 전에.

이렇게 선배님에게 받은 작지만 큰 영향을 똑같이 나도 어느 후배에게 전해준 경험이 있다. 어느 날인가 자신을 나의 고등학교 후배라고 소개하는 낯선 전화를 한 통 받았다. 그 당시 회사 내 고등학교 동문회 총무를 맡고 있었고, 몇 년 동안 매년 모교를 방문하여 장학금 전달과 일일교사 행사를 하던 때였다. 총동문회 소식지에 소개된 나의 연락처를 보고 그 후배가 내게 전화를 한 것이었다.

자신도 조선공학을 전공했고 우리 회사에 입사하게 되

었다면서 어떤 부서에 지원하면 좋을지 자문을 구하는 전화였다. 흔쾌히 "조선공학과를 졸업했다면 종합설계부가 최고지!"라고 내가 근무하던 부서를 추천해 주었고 그 후배는 그렇게 종합설계부에서 근무하다가 나와 유사한 길을 밟으며 기본설계로 옮겼고, 아직까지 훌륭하게 잘 근무하고 있다.

그런데, 그 후배가 몇 년 전 조선 기술사 자격 시험에 합격했다는 소식을 들었다. 훌륭하게 성장해 나가는 후배를 보면서 뿌듯함을 느꼈다. 나 또한 그 후배에게 직접 기술사에 합격하는 데 도움을 준 것은 없지만, 내가 P선배의 말에 새로운 발전의 기회를 얻을 수 있었음을 감사해 하듯이, 그 후배 또한 나의 말 한마디, 나의 흔적 한 줌이 영향을 미쳤을 것이라 생각하니 말 한마디의 소중함을 다시 한번 느끼는 계기가 됐다.

매년 조선 기술사 시험에 현대중공업 계열사의 후배님들이 거의 과반에 육박하는 합격률을 자랑한다. 연수원에서 운영하는 야간 직무교육 중 '조선기술사 준비를 위한 기본 지식 함양'이라는 교육 과정이 큰 기여를 했다고 믿는다.

2009년 종합설계부 내 자체적으로 시작한 자율 직무 교육이 지금 그 어떤 교육보다 멋진 성과를 내는 교육 과정으로 성장했다. 종합설계부 출신 조선기술사인 P선배를 시작으로 종합설계부 출신 기술사들이 1~2년에 한 명 정도씩 배출되는 것을 보면, 같은 조직 내에서 기억에 남는 한마디를 해줄 수 있는 멘토가 있다는 것이 얼마나 고마운 일인가를 다시 한번 느끼게 해 준다.

앞으로 조선기술사를 꿈꾸는 분들을 위해서 시험 준비에 대한 나의 경험을 간단히 소개하고자 한다.

우선 선박 설계 관련 전공 서적을 한 권 선정하여 심도 있게 정독하여 기술전반의 기초를 다지는 작업이 필요하다. 기술사시험의 경우 객관식이나 단답식이 아니라 서술형이기 때문에 단순 암기만으로 합격하기는 어렵다. 기술사시험은 1차 필기시험을 치르고 2차 면접시험을 통하여 합격을 결정한다. 필기시험의 경우 100분간 4교시 동안 시험을 치르는데 1교시는 13문제 중 10문제를 나머지 2~4교시는 6문제 중 4문제를 선택하여 100분 동안 서술해야 한다.

1교시는 한 문제를 10분간, 그리고 2~4교시는 한 문제를 25분 동안 서술해야 한다. 그렇기 때문에 전공 서적을 학습할 때도 기출문제를 확인하여 해당 키워드에 맞춰서 서술형으로 정리를 해나가면 도움이 된다. 이렇게 최소 한 권의 전공 서적을 정리한 내용은 몇 번의 반복을 통하여 주요 공식이나 과정을 암기해야 완전한 답안을 작성할 수 있다.

그다음 순서로는, 기출문제를 분야별로 분석하여 키워드별로 자료 수집과 정리를 하는 것이다. 조선 전공 서적의 경우 학술적인 내용을 포함하고 있는 경우가 많으므로, 기술사 학습의 경우 실무에서 수행하는 설계 과정부터 현장 작업까지 분야별로 정리해 보아야 한다. 특히, 현장 작업 중 시운전, 중 경사 시험 등 기출문제에 자주 등장하는 내용은 단순 업무 내용에 더하여 문제를 해결한 경험까지 포함시키면 더 높은 점수를 받을 수 있다.

그리고, 최근 친환경과 관련하여 국제해양법규와 새로운 시스템이 다양하게 개발되고 발표되고 있다. 이러한 신기술에 대한 조사를 통하여 향후 발전성이 있는 사업 분야에 대한 전망을 답안에 기재하는 것도 좋은 해답이 될 수 있다.

이러한 과정을 차근차근 거친 나는 한 번의 실패도 없이 조선기술사 시험에 합격할 수 있었다. 이렇게 취득한 조선기술사 자격은 여러 면에서 내 삶에 긍정적인 영향을 미쳤다. 회사에서 지급되는 수당, 진급에 부여되는 가산점, 동료들이 부러워하는 눈길은 덤이었고, 가장 큰 장점은 나의 마음속에 굳건하게 자리잡은 기술사라는 자긍심이었다. 기술사로서 당당한 자신감이 항상 내 마음속에 그리고 나의 명함 위에 새겨져 있기 때문이다. 더하여 직접 강의에 참석은 못하지만 그룹 내 조선기술사 모임인 '술사회' 회원들과 함께 꾸준히 교육과정을 운영하면서 새로운 후배 기술사를 배출해나가는 것은 더없는 보람이기도 하다.

씨앗은 햇빛을 받으며 싹을 틔우고

빨간 등대, 하얀 등대

나는 바닷가에서 태어나서 성장했고 세계 바다를 누비는 선박을 건조하는 조선업에 근 삼십여 년을 근무했다. 그래서인지 바다를 보면 항상 정겹고 갯내음에서 고향을 느낀다. 나는 바다가 좋다. 그래서 시간이 나면 바다를 자주 보러 간다. 여름에 해수욕하기도 좋고 일출이나 일몰을 즐기기도 바다가 그만이다. 신선한 해산물을 즐길 수 있는 즐거움도 피할 수 없는 매력이다.

등대를 테마로 여행을 다녀온 적이 있다.

울산의 일출이 아름다운 간절곶 등대, 울기 등대를 비롯하여 호랑이의 형상을 닮은 대한민국 육지에서 호랑이 꼬리 부분에 위치하였다고 하여 이름 붙인 호미곶 등대, 우리나라 최초의 등대인 1903년 준공된 인천 팔미도 등대, 매년 3월이면 3천여 그루의 아름다운 동백나무들이 섬 전체를 물들여 장관을 연출하는 여수 오동도 등대도 빼놓을 수 없다.

직접 가보지는 못했지만, 북방한계선에 있는 명태잡이 어선들이 북측으로 넘어가지 않도록 알려주는 역할을 하는 무인 등대, 우리나라 가장 동쪽에 있는 독도 등대, 최남단에 있는 마라도 등대 등 다양한 역할을 하는 등대들도 많이 있다. 언젠가 꼭 가보고 싶은 곳들이다.

요즘은 사진 촬영을 위한 핫플레이스로 탈바꿈하기도 하지만, 등대의 중요한 역할은 항해하는 선박의 지표가 되어 안전하게 운항할 수 있도록 도움을 주는 항로 표지 기능이다. 선박이 항구로 들어올 때를 기준으로, 빨간색 등대는 오른쪽에 장애물이 있으니 왼쪽으로 다니라는 신호이고, 반대로 하얀색 등대는 오른쪽으로 돌아오라는 신호다. 그러니, 빨간색과 하얀색 등대가 나란히 서 있으면 그 사이로 지나가라는 신호인 것이다.

제주도 이호테우해변에는 빨간색과 하얀색 두 개의 목마 등대가 자리를 지키며 선박을 안내하는 역할을 충실히 하고 있다.

이런 항로 표지 기능은 낮보다 밤에 더 빛을 발한다. 빨간색 등대는 빨간 불빛을, 그러나 하얀색 등대는 녹색 불빛을 비추며 선박의 항로를 안내한다.

빨간색 등대 같은 멘토

빨간색 등대를 보면 나는 아버지를 생각한다. 얼마 전 고인이 되신 너무나 그리운 아버지. 남해도 섬마을 바닷가에서 태어나셔서 수산 계열 고등학교를 졸업하시고 마도로스의 꿈을 품으시고 부산 수산대학교를 졸업하셨다. 하지만 외아들이던 아버지의 꿈은 할아버지 할머니의 반대에 부딪쳐 30여 년을 중등학교에서 교편을 잡으시다 교장선생님으로 오래전 퇴임하셨다.

교육대학교나 사범대학교의 교육 과정을 수료하지 않으신 관계로 아버지의 교직 생활을 보면 조금은 변칙적이고 혁신적이기도 하며 남다른 부분이 있으셨다. 아버지로부터 평소에 듣고 느껴왔던 교육자로서 살아오신 길을 감히, 아들의 기준으로 해석한다면 실용주의적인 삶과 과감한 행동주의적 삶이었다고 조심스럽게 평가한다. 평교사 시절은 대학 전공으로 인하여 남해도와 거제도에 위치한 수산 계열 고등학교에서 근무하시면서 선원을 꿈꾸는 제자를 가르치셨고, 학교의 실습선 운영 등에 관여하셨을 뿐 아니라 장학사를 역임하시면서 다른 일반적인 교사분들에 비하여 경영적인 마인드를 상당히 강화할 수 있는 기회가 많으셨던 것 같다.

양산에 위치한 중학교 교장으로 부임하신 그해, 선생님들과 방문객을 위하여 별도의 주차장을 마련하셨다고 말씀하시더니 다음 해는 오래된 학교 건물을 새롭게 건설하기 위하여 교육청으로부터 예산을 받아서 그 학교를 떠나시기 전 신축 건물을 기어이 완공하셨다. 그 당시는 학교마다 전교조 출신 선생님들과 학교 운영을 책임지고 있는 교장선생님 간에 갈등이 상당히 심했던 시절이었다. 내부적으로 속속들이 알 수는 없지만 아버지 말씀에 따르면 아버지가 계시는 학교에서는 그런 갈등이 없었다고 하셨다. 강력한 리더십과 따뜻한 배려심으로 무난히 해결하신 듯했다.

퇴임을 맞이하신 학교에 계실 당시 이해찬 교육부 장관 시절, 교직원들의 정년을 만 65세에서 순차적으로 줄이는 법안이 발의되었고 많은 교직원의 저항이 거센 시절이 있었다. 아버지께서도 정년을 몇 년 남겨놓지 않으셨을 때였다. 평생을 교직에 몸담으시고 공직자로서 정부의 지침에 반대라고는 모를 것 같았던 분이셨는데, 그 당시 양산 지역 교장단을 대표하여 서울에 올라가셔서 반대 투쟁에 참여하시는 모습을 보고 상당히 놀랐다. 개인적인 욕심이라고 말하는 이도 있겠지만, 아버지의 소신은 확고하셨다. 교직원들을 일반 근로자와 같이 평가하고 대우해서는 안 된다시며 후배 교직원들을 대표하여 분연히 행동하신 거라고 하신 말씀이 기억난다. 결국 65세를 다 못 채우시고 일 년 먼저 64세에 정년퇴직하시는 날, 명예퇴직하시는 다른 선생님들과 같이 퇴임식을 하시던 아쉬웠던 기억이 난다.

　많은 순간을 일일이 나열할 수는 없지만, 항상 열정적이고 실용적인 삶을 살아오신 순간들이 어릴 때부터 너무 존경스러웠고 본받으려고 노력했다.

　중학교 3학년 어느 수업시간에 선생님께서 자기가 가장 존경하는 분이 누군지 발표해 보라고 하셨다. 친구들이 세종대왕, 이순신 장군 등을 이야기하는 틈에 속으로 아버지를 떠올렸지만 괜히 쑥스러워서 발표할 기회를 놓쳐버렸다. 그런데, 마지막 선생님의 마무리 말씀은 세상에서 가장 존경해야 할 분은 바로 각자의 '아버지'라고 말씀하시는 게 아닌가? 발표를 하지 못한 게 내심 아쉬웠지만 그때부터 나의 마음에 아버지에 대한 존경심에 확신이 생겼고 살아오면서 아버지의 삶을 닮아가는 나 자신을 돌아보게 된다.

　여섯 가족이 단칸방에서 자던 시절, 우연히 새벽에 눈을 떴는데 당시 무슨 시험을 준비하고 계셨는지는 모르지만, 스탠드를 켜 놓고 공부하시던 아버지의 모습이 아직도 기억에 남아 나도 여전히 열심히 공부하고 발전하려고 노력하고 이런 모습을 아이들에게 보여주려고 최선을 다하고 있다.

　말씀은 많지 않으셨지만 담담하게 실천하고 행동하는 모습으로 우리를 가르치고 지켜주셨던 아버지는 지금 하늘에서 우리를 지켜보고 계시지만 행동 하나, 말씀 한마디는 나의 가슴에 녹아들어 영원한 내 삶의 불같은 멘토로 자리잡고 계신다.

하얀색 등대 같은 멘토

아버지를 어두운 밤바다를 지켜주는 빨간색 등대라고 한다면 장인어른은 작은 고깃배까지 걱정하고 안내하는 자상함이 느껴지는 하얀색 등대라고 할 수 있다. 아버지와 달리 장인어른은 합천 산골에서 태어나셔서 진주사범학교를 졸업하신 후 초등교육에 투신하신 정통 교직자의 길을 걸어오신 분이다.

이런저런 교육 현장에서 경험하신 이야기를 들을 때면 평생을 살아있는 참교육을 실천해 오신 분이라는 느낌이 가슴 깊이 울려온다.

리더십의 종류에는 여러 가지 유형이 있다. 아버지의 모습에서는 '변혁적 리더십'과 '카리스마 리더십'의 모습을 느낄 수 있었던 반면 장인어른께는 '서번트 리더십'과 '성취 지향적 리더십'을 배울 수 있었다. 서번트 리더십은 인간 존중을 바탕으로 구성원들이 잠재력을 발휘할 수 있도록 도와주는 리더십이고, 성취 지향적 리더십은 조직원들이 목표를 충분히 달성할 수 있을 것이라고 믿는 리더십 유형이다.

장인어른께서 초등 출신으로 교육청에 학무 국장으로 부임하셨을 초반에는 많은 직원들의 호응을 얻어내는 데 애를

먹으신 적이 있으셨다고 한다. 그때 직원들의 신뢰를 이끌어 낸 동기가, 새로운 기획안의 아이디어를 믿을 만한 직원에게 알려준 후 직접 기획하여 추진할 수 있도록 기회를 주셨고, 끝까지 믿고 응원해 주신 덕분에 상당한 성과를 얻었을 뿐 아니라 그 직원은 그 기획안을 계기로 교감 선생님으로 승진할 수 있었다고 하셨다.

후에 장인어른께서 그분으로부터 감사의 말씀을 들었을 때의 기분을 사위에게 흐뭇하게 이야기하실 수 있는 것이 교육청 높은 자리나 교장선생님으로 승진하셨던 순간보다 더 가치 있고 자랑스러우시지 않았을까 생각한다.

퇴임하시고 지금은 수필과 서예를 시작하셔서, 다수의 수필집을 출간하신 작가로 당당히 등단도 하시고 서예 부문 국전에 참가하셔서 수상하신 모습은 나의 노후를 풍요롭게 할 새로운 화수분이라고 생각한다. 지금 이렇게 글쓰기에 도전하는 것도 장인어른처럼 항상 지치지 않는 열정으로 노력하고 도전하시는 인생 멘토가 가까이 계시기 때문이다.

글쓰기에 관심을 가진 후 사보에 글을 기고한 적이 몇 번 있었다. 그때마다, 장인어른께 자랑삼아 글을 보내드리면 여지없이 전화를 주셔서 칭찬과 응원을 해주신다. 장인어른은 내 삶의 물과 공기 같은 멘토이시다.

축적의 시간

1992년 초에 입사하여 30여 년 동안 설계 관련 업무를 해오면서 가장 관심을 가지고 노력을 했던 분야 중 하나가 설계 데이터베이스 구축이다. 요즘은 빅데이터라는 이름으로 각광을 받고 있는 분야지만 예전에는 자료보관 정도의 가치로밖에 평가받지 못하던 시절도 있었다. 실 업무인 선박 기본 설계라든지 신규 전산 시스템 도입은 본업이었기에 당연히 전문가로 거듭나기 위해서 최선을 다했던 분야였지만 설계 데이터베이스 구축이라는 분야는 주 업무가 아니었기 때문에 별도의 관심을 가지지 않으면 지속하기 힘든 분야였다.

사원으로 한참 업무에 적응하고 있을 즈음 설계실 내에서 획기적인 시도를 단행한 적이 있다. 당시 설계실에서는 부서별로 실무를 담당하는 과 단위 조직들과 이 조직을 지원하는 별도의 관리과 조직을 운영하고 있었다. 관리과에서는 부서의 공기구 관리, 공문서 수발, 전산 지원 등 부서 내 업무 지원 및 부서장 보조 업무를 수행하는 게 고작이었다. 이 관리과를 기술과로 이름을 변경하여 부서의 발전을 위한 사업 계획, 전산 및 기술개발, 선박 법규 해석 및 지원 등 핵심 기술을 기획하고 추진하는 업무를 총괄하도록 조직을 확대, 개편한 것이었다. 부서에서 기술적으로나 전산적으로 가장 유능하다고 판단되는 인원을 선발하여 팀을 구성하였다. 이때, 나는 신입사원임에도 입사 전 익힌 전산 관련 지식 덕분에 전산 개발 및 지원 담당으로 선발되었다.

그 과에 선발된 분들의 면면은 대단했었다. 향후 신규 CAD 개발팀장을 거쳐 계열사 설계 총괄 임원까지 역임하셨던 S차장님을 필두로 선박 법규 분야에 최고의 능력을 보유한 나를 기술사로 이끌어 주신 멘토 P과장님, 업무 표준화 및 자료 관리 담당이셨던 L과장님, 기본 계산 시스템 개발 전문가 P과장님, CAD 개발 전문가이면서 그림을 잘 그리셨던 K대리님, 부서원들과 유대관계도 좋고 관리 능력이 탁월했던 K대리님까지 부서에서 핵심 요원들로 새로운 과가 채워졌다.

새롭게 구성된 과에서 추진했던 업무는 다양한 분야에 걸쳐 있었다. 그중 가장 주요 업무 중 하나가 수작업으로 진행하거나 터미널 형태의 구식 전산 시스템을 사용하여 수행하던 설계 업무를 신규 전산 시스템으로 전환하는 작업이었다. 이런 혁신적인 변화를 통하여 이룩한 실적은 대단한 결과를 만들었다. 기술과가 생기기 전 수행한 바 있는 화학 운반선의 화물 용적을 표시하는 'Capacity Plan'이라는 A0 사이즈 도면을 직접 손으로 작성하는데 한 달 정도가 소요되던 것이, CAD 도입 후 빠르면 2~3일 만에 마무리할 수 있으니 얼마나 엄청난 생산성 향상인가!

CAD 개발 업무 외에도 기존 구식 터미널 형식의 전산 시스템에서 구동되던 선박 계산 시스템과 각종 계산 양식들을 PC 형태로 전환하는 작업들이 새로운 과의 중요 과제였다. 구 전산 시스템의 각종 설계 양식을 지금 많이 사용하는 MS Excel의 모태가 되는 MP(Multi Plan)과 MC(Multi Chart)로의 변환 작업들이 그 당시에는 상당히 새롭고 많은 노력이 필요한 작업이었다. 돌이켜 보면, 이런 사소하고 단순 반복적인 노력들이 쌓여서 지금 세계 최고의 조선소로 성장한 게 아닌가 생각한다.

그즈음 조선학회 산하에 처음으로 선박 설계 연구회라는 조직이 신설되었고 이 조직 주관으로 산학협업으로 선박 설계/생산전산 시스템(CSDP: Computerized Ship Design and Production System) 사업을 추진했었다. CSDP 사업의 일환으로 우리 과에서는 선박 설계 데이터베이스 관리 시스템 개발을 선박해양플랜트연구소(KRISO)와 협업으로 수행하게 되었다. 그 당시 생소했던 ORACLE과 C++ 등을 이용한 프로그램 개발은 KRISO에서 주관하였고 우리 과에서는 필요한 정보에 대한 구성과 필요한 결과물에 대한 사양을 제공하고, 관련 데이터의 조사 및 입력을 하는 역할을 수행했었다.

이 과정에서, 정주영 명예회장님의 저서인 『이 땅에 태어나서』에도 소개되었고 너무나 유명한 일화이기도 한, 울산 동구 어촌마을의 지도와 일반 배치도 하나를 들고 오백 원짜리 지폐로 계약을 따낸 현대중공업의 첫 초대형 원유 운반선(VLCC)의 설계 자료부터 시작하여 1990년대 초 설계를 한참 진행하던 호선 자료까지 하나도 빠짐없이 깔끔한 색인표가 붙어있는 자료를 발견하고 감탄의 소리가 절로 나왔었다.

그 당시 표준화와 자료 관리를 담당했던 L과장님의 노력 없이는 불가능한 일이었다. 솔직히 개발 업무를 시작하기 전까지만 해도 L과장님의 업무 방식이 내심 실망스러웠었다. '과장이나 돼서 왜 저런 사소한 일에 목숨을 걸까?'라는 생각까지 했었다.

L과장님은 부서원들이 작성한 표준서나 설계 지침서가 만들어지면 양식의 표준이 맞는지 내용에 사소한 하자가 없는지 등을 검토하여 오타 하나하나까지 챙기기도 하고, 호선이 인도되고 나면 그 당시 부서에서 작성했던 주요 도면들과 전

산 데이터 파일을 실무자들로부터 꼼꼼히 챙겨서 색인을 한 후 자료실에 보관하는 일을 하고 계셨다. 자료를 대여해 갈 때도 관리대장에 필히 기재하도록 시어머니처럼 챙기는 역할까지 하셨다. 그 당시 모든 도면이 수작업으로 진행되다 보니 이런 방법 외에는 달리 방법이 없었다.

 이런 일이 단순 반복적인 일이라 다들 하기 싫어하는 일이었고 관리자들도 그렇게 성과를 높게 평가하지 않았다. 하지만, 잘 정리된 자료와 꼼꼼하게 작성된 표준서가 구비되어 있었기 때문에 새로운 선박 설계 데이터베이스 구축 시스템을 개발하고 데이터베이스를 구축하는데 엄청난 시너지를 얻을 수 있었다. 처음에는 몰랐던 L과장님의 오랜 소신과 노력을 높게 평가하게 된 것은 그 이후로 한참의 시간이 지나고 나서였다.

 서울대학교 26명의 석학들이 던지는 한국 산업의 미래를 위한 제언을 담은 『축적의 시간』이라는 저서를 공동저술하신 이정동 교수의 강연에 나오는 '묵은 별빛'에 대한 내용을 접한 후였다.

 백만 년 전에 출발한 별빛이 지금 우리 눈에 반짝하고 빛나는 별빛이라는 내용의 강연이 너무나 가슴에 와닿았던 이유가 바로 이런 경험이 있었기 때문이다. 데이터베이스 시스템 개발 및 적용과 관련하여 여러 경로를 통해서 듣고 또는 직접 경험한 내용은 이렇다.

　새로운 시스템들이 개발되면 시운전을 거친 후 직원들에게 '이제 훌륭한 시스템이 개발됐으니 각자 자신이 생성한 자료를 알아서 잘 입력하세요' 하고 요구한다. 하지만 데이터베이스의 특성상 10개의 데이터 중 한 개라도 오류가 생기면 그동안 힘들여 구축한 나머지 9개의 정확도, 신뢰도까지 손상시키는 경우가 있다. 최근에는 AI 등을 통하여 자체 검증할 수 있는 다양한 방법들이 있지만, 예전에는 이런 이유로 많은 사용자가 사용을 기피하는 경우도 많았다. 그리고 아무리 사용 설명서가 잘 구비되어 있어도 사용자의 입장과 생각에 따라 기준이 다른 데이터가 입력되기도 하고, 그렇기 때문에 이런 시스템이 제대로 정착되기 위해서는 해당 업무에 정통한 전문가 수준의 직원이 '입력이 필요한 데이터를 일일이 챙기고 자료의 정도를 확인, 입력 후 제대로 입력됐는지 확인'하는 작업을 시스템이 정착될 때까지 관리해야 한다고 생각한다. 하지만 기업 대부분의 조직이 이렇게 하지 못하는 경우가 많다. 이런 일은 잡일에 속하기 때문에 성과를 내기도 힘들고 주요 업무 라인에서 벗어난다고 생각하기 때문이다. 이런 입력 정보 관리를 챙기지 못한다면, 시스템 개발에 투입된 노력은 허투루 돌아가고 실효성 없는 데이터만 늘어나는 결국 성과 없는 힘을 쓰게 될 것이다.

다시 이정동 교수님의 강연 내용을 언급하자면, 교수님은 물건을 만드는 과정을 '개념설계역량'과 '실행역량'으로 분류하고 밑그림을 그리고 개념을 제시하고 설계를 하는 개념설계역량과 주어진 설계도대로 만들어내는 실행역량에 대한 설명을 하셨다. 두 가지 역량 중 아무것도 없는 백지에 그림을 그리는 일로 무(無)에서 유(有)를 창조해내는 혁신 작업인 개념설계역량이 보다 창조적인 역량이라고 역설하셨다. 교수님은 우리나라 기업에 대해 "그림을 주면 실행은 끝내주게 잘하지만, 아직 그림을 그리는 힘은 약하다"고 진단하며 급속하게 성장해온 지난 20여 년간 한국 산업이 겪고 있는 문제가 바로 개념설계역량의 부족에 있다는 것이다. 이 교수님은 한국 기업이 개념설계역량을 키워야 진정한 글로벌 챔피언 기업으로 성장할 수 있다고 주장하셨다.

이런 역량을 키우기 위해서 필요한 노력이 바로 '스케일업'이며, 스케일업이란 끊임없이 차이를 축적하는 힘이고, 작은 차이가 쌓이고 쌓이다 보면 쇳덩어리도 언젠간 날카로운 면도칼이 되는 것처럼 수많은 시행착오의 경험은 무시할 수 없는 강력한 내공이 된다고 하셨다.

추가 1%의 노력을 더하여 경험을 기록하고 다양한 시행착오들을 끈기를 가지고 축적한 자신의 역량을 갖춘 고수들이 많아져야 건강한 사회와 글로벌 기업으로 거듭날 수 있다고 했다.

　이 교수님의 책을 접하고 나서야 그 당시 새로운 과에서 만난 L과장님의 진정한 가치를 깨닫게 되었고, 축적의 힘이 겉으로 표시되기 위해서는 인고의 시간과 노력이 필요함을 제대로 느끼게 되었다. 훌륭한 선배를 통해서 느끼고 배운 교훈은 쉽게 잊혀지지 않는다. 지금도 나는 어떤 일을 수행하건 데이터의 정확도와 가치를 생각하면서 처리하고 자료화하고 표준화하는 데 익숙하다. 이렇게 축적된 자료와 정보가 모이고 쌓여서 언젠가는 묵은 별이 되어 몇 광년 후에도 환하게 빛나기를 기대하면서….

선박 종합설계 지원 EDM 시스템 개발

Development of the EDM(Engineering Data Management) system for supporting the coordination of ship design

박노상[*]· 서승완[*]· 신동우[*]· 이승원[*]· 심현상[**]· 박경환[**]· 정건출[**]

[*] 한국기계연구원 선박·해양공학연구센터
[**] 현대중공업

선박 종합설계 지원 EDM 시스템 개발

Development of the EDM(Engineering Data Management) system

It has been issued th
design and production
computer-based design an
approach based on EDM(
the processes of design ar

In this research, the
the functional components
EDM principle is focused
work flow, the information

The developed EDM

저널정보

대한산업공학회
대한산업공학회 추계학술대회 논문집 | 학술대회자료
1994년 대한산업공학회 추계학술대회 논문집
1994.10 | 683 - 688 (6page)

빅 데이터 논문

꼰대 찬양

　권위적인 사고를 가진 어른이나 선생님을 비하하는 뜻을 담고 있는 '꼰대'라는 은어가 요즘 자주 언급된다. 나이 든 어른뿐만 아니라 젊은 친구들 사이에도 소통과 공감력이 부족한 사람에게는 꼰대라는 수식어가 붙는다는 이야기도 들은 바가 있다.

　이런 분위기가 유행처럼 번져 옳고 그름을 정확히 지적하는 기성세대까지도 꼰대라고 비난받기 일쑤다. 이렇다 보니 요즘 같은 세태에 옳고 그름을 제대로, 깐깐하게 따지고 알려주는 경우가 점점 사라져 가는 것 같아 아쉽다. 오히려 편법과 요령을 통해 성취한 물질적인 성공담을 설파하는 사람들이 꼰대라는 비난을 피해가고 돈 좀 벌고 사회적 지위가 있는 이들이 '멘토'로 불리는 세상이다.

그럼에도 앞세대의 경험은 뒷세대로 전수되어야 하고, 꼰대는 욕먹을지언정 '꼰대질'을 해야 한다. 분야에 따라 차이는 있겠지만, 자기 경험과 노하우를 나누면서 후배의 미래를 같이 고민해 줄 수 있는 진정한 꼰대, 더 나아가 꼰대의 업그레이드 버전인 진정한 멘토가 많아졌으면 좋겠다.

꼰대 기사를 볼 때마다 같이 근무했던 L부장님이 떠오른다. 경북 산골 출신으로 거친 말투와 깐깐한 업무 스타일로 같이 근무하는 직원들에게는 공포의 대상이었다. 그렇게 거칠고 퉁명스러운 말투가 선주들과의 미팅 때 영어를 구사하면 너무 점잖고 고급스러운 표현을 해내시던 능력과 기술적 내공까지 보유한 분이셨다.

1990년대 초 한국 최초로 건조한 모스타입 액화가스 운반선 설계를 담당할 정도로 기술적인 능력을 인정받는 분이셨다.

당시 부서 단위로 운영되던 종합설계부가 회사의 정책에 따라 도크 체제로 변환되면서 과 단위로 분리되어 선체설계부 산하로 찢어지는 상황이 발생했었다. 이때 L부장님이 담당하던 과 일원으로 근무하게 되었다. 문제는 당시 같이 일하게 된 과 구성원들이었다. 일부 고참 직원들을 제외하고 대부분이 갓 입사한 사원들과 대리 초반 직원들로 L부장님의 눈높이를 맞추기에는 한계가 있는 상황이었다.

종합설계 업무 분야 중 선박의 복원성 계산을 하고 그 계산 결과를 300~400쪽에 달하는 책으로 만들어서 선급 협회의 승인을 받는 과정이 있다.

선박의 각종 저장 탱크의 용적도 표시하고, 그 탱크에 해수나 화물을 실었을 때의 중량을 고려한 선박의 상태를 보여주는 계산서이다. 그렇다 보니 각 수치 간의 상관관계가 모두 일치하여야 하는데 시스템에서 자동 생성되더라도 소수점 끝에서 차이가 나기도 하고, 자동으로 생성되지 않는 예제 같은 경우 수작업으로 마무리를 하다 보면 상호 일치하지 않는 경우가 간혹 발생한다.

이런 많은 분량의 책자를 일일이 검토한 후 오류를 찾아내서 바로잡아 주는 것이 직책과장의 주요 역할이었다. 어떤 부분은 맥락상으로 큰 문제가 없어서 그냥 넘어갈 법도 하지만, L부장님의 사전에 대충이라는 단어는 존재하지 않았다. 실수가 반복될 경우 또는 출도 날짜에 임박하여 지적을 받을 경우는 밤샘을 해서라도 마무리해야 했다.

당시 C사원의 경우 밤늦게 수정 작업을 하다가 위경련이 와서 눈물을 흘리면서까지 마무리를 했던 기억이 난다.

'꼰대'의 식별 요소 중에 첫 번째로 쓰이는 단어가 '나때는'이라는 말이라고 한다. 아주 오래전 이야기를 써 내려가고 있는 나 또한 이미 꼰대의 부류에 속해 있음이 틀림없으리

라. 요즘에는 예전처럼 부하직원들을 힘들게 할 수도 없고, 주 52시간 근무제에서는 밤을 새울 분량의 업무를 지시할 수도 없다. 효과적인 업무 지시와 지도를 통하여 정해진 시간에 최적의 결과를 낼 수 있는 많은 방법을 고민했을 테고, 자동화라든지 표준화를 통하여 불필요한 요소들을 대거 제거했을 터이다.

하지만, 그 당시 후배 직원들이랑 회식 자리에서 그렇게 술안주로 L부장님을 올려서 씹어대면서도 한 가지 서로 공감한 내용이 있었다. 그래도 L부장님은 업무를 가지고 우리를 혼내지 인격적으로나 사심이 있어서 그러지는 않는다는 사실이었다. 그렇게 서로를 위로하고 격려하면서 견디다 보니 지금은 그때 L부장님에게 업무를 배웠던 후배들이 대부분 종합설계나 다른 부서에서 핵심적인 역할을 해내고 있다. 그 당시 과원들 중 나의 선배들은 모두 은퇴를 했고 후배들 중 반 정도는 다시 합쳐진 종합설계부의 직책과장이나 파트장 역할을 하고 있다. 나를 비롯하여 반 정도는 다른 분야에서 멋지게 자기의 역할을 해내고 있다.

L부장님을 비롯한 많은 선배들의 이런 꼰대 정신이 현대중공업의 기반을 만들었고 그 밑에서 제대로 교육을 받은 후배들이 세계 제일의 조선소로 키운 것이라 믿는다. 아쉽게도 L부장님은 임원 승진에 몇 번의 좌절을 겪으시고 새로운 길로

방향을 바꾸시면서 경영진에게 하신 말씀이 아직도 생생하게 기억난다.

"지금까지는 회사를 위하여 목숨을 걸었지만 앞으로는 나 자신을 위해서 목숨을 걸고 싶다."

여러 해 모시면서 당신의 개인적 이익이나 영달보다는 회사 발전과 기술자의 자존심을 가지고 최선을 다하셨다는 것에 어느 누구도 이견이 없다고 믿는다. L부장님과 같이 고생했던 과원들이 '한울타리'라는 모임을 결성하여 정기적으로 만남을 이어가고 있다. "부장님 덕분에 저희가 이렇게 성장했습니다"라는 말은 회식자리에서 단골 메뉴이기도 하다. 부장님도 그런 말을 들을 때마다 항상 하시는 말씀이 있다.

"이 모임이 나에게는 가장 소중하면서 행복한 모임이다."

곰곰이 생각해보면 내가 이과 성향일까? 문과 성향일까? 고민할 때가 있다. 고등학교 시절 수학은 공부를 한 만큼 성적이 나오는 반면 영어는 그렇지 못했다. 그게 이과를 선택한 이유 중 하나였다.

그런데 아이러니하게도 이과를 선택한 나는 입사 이후 영문으로 된 국제 법규를 기준으로 설계를 해야 했고, 영문으로 된 설계 도면과 절차서를 만들어야 했으며 외국인 선주사,

선급 협회 관계자들과 영어로 회의를 해야 했다. 하지만 같은 회사 동기 중 문과 계열의 직원들은 인사부, 총무부 등 영어와는 무관한 일을 하고 있으니 헛웃음이 나기도 했다. 나의 성향은 이과보다 문과에 더 가까운 면이 없잖아 있다. 30여 년을 숫자와 씨름을 하고는 있지만 여전히 전화번호를 외운다든지 선박의 주요 제원을 암기하는 데는 어려움을 느끼니 말이다.

입사 초기만 해도 손으로 직접 도면을 그려야 했었는데 필체가 좋지 않은 나로서는 어려움도 있었고 성격적으로도 꼼꼼하지 못했기 때문에 실수도 잦았던 것으로 기억한다.

하지만 L부장님이나 꼰대 정신이 투철하신 선배님들의 가르침과 스스로의 노력을 통하여 지금 남들이 보면 전혀 그런 낌새를 알아차리지 못하는 수준까지 도달해 있다. 이렇게 변화할 수 있었던 배움 중 기술 업무를 수행하면서 꼰대 선배들로부터 전수 받은 가르침을 몇 가지 소개하고자 한다.

나의 보고서는 완벽하지 않다

대부분 회사원들은 보고서나 자료를 작성한 후 상사의 결재를 받게 된다. 작업할 때 초반에 반짝 바쁘고 손을 놓고 있다가 목표일 임박해서 부랴부랴 마무리하기가 일쑤다. 이것은 '학생이론'이라고 학술적 근거가 있는 이론이다. 이렇게 일정에 쫓기다 보면 일차 작성한 후 대충 훑어본 후 보고하러 가는 경우가 많을 수밖에 없다. 특히 몇 날 며칠 같은 문서를 보다 보면 본인의 눈에는 오류가 보이지 않는 경우가 허다하다. 이럴 때 나는 항상 '나의 보고서는 틀림없이 오류가 있을 거야'라는 마음으로 찬찬히 다시 한번 검토한 후에 결재를 받으러 간다. 심호흡을 하고 훑어보면 작은 오타부터 앞뒤 관련성, 때로는 수치적 오류까지 발견하는 경우가 허다하다.

큰 오류를 발견할 경우는 힘이 쏙 빠지는 경우도 있지만 어쩔 수 없는 일이다. 그런 게 무서워 오류를 포함한 상태로 보고에 들어가면 상사의 믿음에 실망만 남기고 만다. 나중 더 큰 문제로 돌아와 나를 괴롭히는 일들도 발생한다.

30여 년을 기술자로 살아오면서 귀에 못이 박히도록 들어왔고 결재 과정에서 피부로 느껴왔던 중요한 교훈이다.

시간 지키기

또 하나의 꼰대 같은 교훈은 '시간 지키기'다. 선주사와의 약속이든 상사의 지시든 목표일이 정해지면 시간이 허용하는 만큼의 한도 내에서 자료를 만들어야 한다. 정도가 조금은 떨어지더라도, 정해진 시간 내에 마무리할 수 있는 만큼의 계획을 수립하고 결과물을 만들어서 보고를 하는 게 중요하다.

이 두 가지를 모두 충족하기 위해서는 우선 계획을 잘 세우는 습관이 중요하다. 전체 계획을 수립하고, 수시로 계획을 점검하고 관리해야 함은 누구나 알고 있는 성공의 습관이다. 급하고 쉬운 일보다 중요하고 급하지 않은 일을 먼저 해야하고, 일정에 맞춰서 미리미리 업무를 진행해야 한다. 내용은 아주 상투적이고 꼰대스럽지만 강조하지 않을 수 없다.

특히, 계획을 세울 때 목표일을 기준으로 현재 시점까지 역방향으로 계획을 세워보면 지금, 당장 하지 않으면 안 된다는 긴장감을 느낄 수가 있고, 미루지 않고 미리미리 업무를 챙길 수가 있다.

고수가 되자

마지막으로 이정동 교수님은 강연 중 '꼰대 찬양'과 궤를 같이 하는 키워드가 '고수'라는 단어다. 고수란 시행착오의 상처를 온몸으로 새긴 사람이다.

이 교수님은 고수와 꼰대가 어떻게 다른지 축적과 퇴적에 빗대어 유쾌하게 표현해주셨다. 꼰대가 반복적인 일을 하면서 똑같은 시행착오만을 겪는 퇴적된 사람이라면, 고수는 목표를 향해 방법을 달리 해가면서 매번 다른 시행착오를 축적하는 사람이다. 이 교수님은 "우리 사회에 고수가 많아져야 한다"며 고수가 많은 사회는 자신만의 역량을 갖춘 사람들로 채워져 시기와 질투가 적은 건강한 사회가 된다고 이야기 해주셨다. 누구나 실수도 할 수 있고 시행착오도 할 수는 있다.

이런 경험과 시행착오를 메모하고 축적하며 스스로의 발전을 통하여 자신이 추구하는 분야의 고수가 되어보자.

우리가 꼰대 같은 멘토에게 배웠더라도 스스로 노력을 통하여 고수 같은 멘토가 되도록 성장하는 것이 진화고 발전이며 건강한 사회의 일원이 되는 길이리라.

소심한 리더십

학창 시절 나는 적당히 소심한 성격이었다. 대학 시절부터 이런 성격을 바꾸기 위하여 무던히 애써왔다. 대학 입학 첫 학기에 만난 많은 쾌활하고 활기찬 친구들을 보면서 사회생활에 제대로 적응하기 위해서는 소심한 성격을 바꿔야 한다는 생각을 했었다.

1학년 2학기 학과대표 선거에 과감히 출마해서 100명 남짓한 친구들 앞에서 선거유세를 했던 순간이 기억난다. 다리가 후들거리고 심장이 고동쳤으며 눈앞이 까마득했었다. 워낙 많은 친구들이 출마하다 보니 어부지리로 과대표에 당선되었고 그때부터 나의 성격을 조금씩 바꿀 수 있었다. 그리고 제대로 된 리더십에 대한 관심도 생겨나기 시작했다. 대학 시절과 직장 생활을 통해서 많은 훌륭한 리더들을 만나면서 직·간접적으로 리더십에 대한 깨달음을 가질 수 있었고 멋진 리더가 되기 위한 노력도 꾸준히 해왔다.

다양한 경험들 중 20대 초반에 한 선배로부터 접한 리더십에 대한 이론은 아직까지도 마음에 새기고 있다. 그 형도 20대 초반이었는데 어디서 그런 이론을 습득해서 나에게 설파했는지 지금도 의아한 생각이 든다.

"리더십의 종류는 두 가지가 있다. 하나는 강력한 조직 장악력으로 팀을 이끄는 '카리스마형 리더십'이고 다른 하나는 모든 구성원을 존중하고 아우르면서 잠재력을 발휘할 수 있도록 도와주는 '섬김형 리더십'이다. 사람은 자기 성향에 따라 이 두 가지 중 하나를 선택해서 적용해야만 성공할 수 있다. 만약 환경에 따라 두 가지 리더십을 혼합해서 적용하려고 하면 절대 성공할 수 없다."

"상황에 따라 카리스마형 리더십이 필요한 시점에 섬김형 리더십을 가진 사람이 리더로 앉아 있거나 그 반대의 경우가 되면 조직도, 본인도 모두 힘들어지는 상황이 발생한다."

그 이후 이 두 가지 외에도 더 세분화된 리더십의 종류와 적용 환경이 있다는 사실도 알게 되었지만, 그 당시 이 리더십에 대한 논리는 나에게 많은 감명을 주었고 리더십에 대한 방향을 잡는 데 큰 도움이 되어 주었다. 여러 가지 시도와 성찰을 통하여 나의 성향은 '섬김형 리더십'에 가깝다는 결론을 내렸고 그 이후 이에 맞은 리더십에 대한 공부도 하고 실천하면서 나름대로 성장해가고 있다고 생각한다. 특히 나처럼 소심한 성격을 가진 사람들에게 적합한 유형이라는 생각을 하게 되었다.

'섬김형 리더십'이라는 것이 무조건적으로 구성원들에게 잘해주는 것만을 의미하는 것은 아니다. 구성원들을 존중하고 조직이 가야 할 방향을 명확히 제시하여 구성원들의 잠재력을 최대한 이끌어낼 수 있는 것이 '섬김형 리더십'이다. 요즘같이 자기 주장이 뚜렷하고 다양한 경험을 가진 구성원들이 많은 다변화된 조직에서는 카리스마형 리더십보다 섬김형 리더십이 더 적합하다는 주장들이 많아 보인다.

특히, 김상근 교수님의 인문학 강연에서 최고의 리더십으로 추천한 '크세노폰'의 '키루스의 교육'에 나오는 좋은 지도자가 되는 법에서도 섬김형 리더십과 유사한 주장을 확인할 수 있었다.

전쟁에 출전하기 전 좋은 지도자의 길에 대해 알려주는 키루스와 그의 아버지 간의 대화 내용이다.

"아버지께서는 제게 이렇게 가르치셨죠. 친구에게 사랑받기를 원한다면 그들에게 은혜를 베풀어야 한다고 말이죠."

"그렇다 아들아. 그러나 네가 원한다고 해서 항상 남들에게 은혜를 베풀 수 없다. 대신 너는 그들에게 좋은 일이 생기면 그들과 함께 기뻐하고, 나쁜 일이 생기면 그들과 함께 슬퍼해라. 그들이 고통받고 있으면 도우려고 노력하고, 그들에게 안 좋은 일이 닥치지는 않을지 항상 염려해야 하며, 실제로 닥치지 않도록 노력해야 한다. 이런 식으로 너는 그들과 동행해야 한다. 너는 또한 이것을 잘 기억해야 한다. 너에게 복종하기를 기대하는 사람들은 네가 그들을 생각해 주기를 바란다는 것이다. 따라서, 절대로 그들에게 무관심하지 마라. 밤에는 낮이 되면 군사들이 무엇을 해야 할지를 생각하고, 낮에는 밤에 어떻게 배치하면 최선일지를 생각해야 한다."

동료들과 함께 고난을 겪으면서 슬퍼하고 기뻐하는 삶을 공유하는 것이 지도자의 최고 덕목이라고 설명하고 있다. 이 얼마나 훌륭한 가르침이고 명확한 행동 지침인가?

이외에도 섬김의 리더십에 대한 일화는 무수히 많이 있다. '연저지인(吮疽之仁)'이라는 고사성어의 유래이기도 한 「손자오기열전」에 나오는 너무나 잘 알려진 이야기다.

오기가 장군이 되자, 졸병들과 같이 입고 먹으며 잘 때도 자리를 깔지 않고 자고 행군을 할 때도 말을 타지 않았으며 몸소 식량을 싸고 짊어지면서 졸병들과 더불어 고난을 나누었다고 한다. 한 졸병이 등창으로 괴로워하자 직접 입으로 빨아 치료했다는 이 이야기를 졸병의 모친이 듣고 통곡을 했다고 한다. 사람들이 졸병인 아들의 등창을 장군이 직접 빨아 치료를 했는데 왜 통곡을 하냐고 하니, 예전 오 장군이 졸병의 아버지도 같은 방법으로 치료를 했는데, 그 아버지는 뒤돌아보지도 않고 적들과 싸우다가 전사를 했으니, 자기 아들도 어디에서 죽을지 모를 일이라면서 통곡을 했다는 이야기다.

강력한 리더십이 성공하기 위해서는 조직원들보다 해박한 지식과 비전을 가지고 있어야 하고 성격적으로도 타고난 카리스마가 있어야 한다. 일반인들은 소화하기에는 쉽지 않은 리더십이라고 생각한다. 하지만 섬김의 리더십은 강력한 리더십에 비하면 소화하기가 조금 수월하지 않나 생각된다. 조직원들과 소통하고 배려하는 마음이 있으면 어렵지 않게 상대의 존중을 받을 수 있기 때문이다.

지금도 만나면 나를 자신들의 멘토라고 이야기하는 몇몇 후배들이 있다. 너무 행복한 일이고 뿌듯하다. 예전 기본설계부로 부서를 옮긴 후 새로운 조직에 잘 적응했고 그 노력을 어느 정도 인정받아 가스선의 개념설계를 수행하는 기본/선체

과를 담당하는 직책 과장 역할을 맡게 되었다. 그 과에서 가장 기술적으로 능력이 뛰어난 후배가 한 명 있었다. 그 당시 회사의 주력 건조 선박은 원유 운반선이나 컨테이너 운반선 등 일반 상선이었다. 하지만 최근 몇 년 동안 천연가스를 운반하는 액화가스 운반선(LNGC나 LPGC 등)이 상당히 각광 받고 있다. 그리고 가스선의 기본 계획 설계 분야에 있어서는 최고의 능력을 보유하고 있는 사람이 바로 그 후배였다.

그는 간혹 본인의 성격이 너무 소심해서 고민이라는 이야기를 했다. 나의 후임으로 기본과 직책과장을 맡은 후 내가 걸었던 기본설계실의 프로젝트 매니저(Project Manager) 역할을 거친 후 결국 가스선설계부 부서장으로 발탁되었다. 그 후배와 같이 근무하면서 가장 많이 나누었던 이야기 중 하나가 소심한 사람들이 성격적으로 조금만 변화를 주면 외향적인 사람보다 훨씬 훌륭한 리더가 될 수 있다는 대화였다. 외향적인 사람들의 경우 상대방의 입장보다는 자신의 주장을 먼저 내세우는 반면 내성적인 사람들은 자신의 주장보다 상대방의 의견을 먼저 듣는 경향이 있다. 그런 성향으로 인하여 자신의 표현을 잘 못하는 내성적인 후배들을 더 많이 이해할 수 있고 보다 친절하게 지도해 주기가 쉽다고 생각한다. 단, 상대방과 대화하고 자신의 표현을 적절히 할 수 있도록 노력을 더 해야만 훌륭한 섬김형 리더십을 발휘할 수 있다. 비록 지금까지는 조선 시황이 어려워 강력한 리더십을 가지고 조직을 이끄는 리더들이 많았지만 앞으로는 경기가 좋아지고 경제 환경이 개선되어 이런 후배와 같은 기술적인 능력을 가지고 있으면서 상대방을 배려해 줄 수 있는 사람들이 조직의 리더가 되면 조직도 개인도 모두 행복해지리라 믿는다. 이번에 부서장으로 발탁된 후 축하 메시지를 보냈더니 돌아 온 답장을 소개한다.

"늘 해 오던 거에 조금 더 열정을 보태야 할 것 같습니다. 열심히 하겠습니다. 부장님 모습 떠올리며 항상 변화에 적응하고 준비하도록 하겠습니다."

최근 조선 경기가 지속적으로 살아나는 환경 속에서 이런 능력 있고 섬김 리더십을 가진 친구가 부서장으로 발탁되었으니 회사는 더 성장하고 발전하리라는 믿음을 가져 본다.

또 다른 후배는 그 당시 연구소에서 우리 과로 파견을 온 연구원이었다. 지금은 기본설계로 직무를 바꿔서 기본계획부 직책과장과 프로젝트 매니저를 거친 후 기본설계부 부서장으로 발탁되더니 지난해 초에는 상무로 승진한 후배다. 연구소에서도 실무적인 연구 쪽보다는 기획 업무를 담당하고 있던 핵심 연구 요원이었다. 기본 계획 업무 등의 파견 업무를 마치고 연구 관련 업무로 복귀 여부를 판단해야 할 시점에 나와 대화를 나눌 기회가 있었다. 주위 대부분 사람들이 연구소 업무 복귀를 권유했다고 했다. 하지만 내가 바라본 이 후배의 능력과 상황은 달랐다. 이전 연구소 기획 업무를 거치면서 다져진 탄탄한 기술력과 기획력을 보유하고 있었고, 성격적으로도 상당히 온화하여 주위 사람들과의 관계도 원활해 보였다. 기본설계 파견 기간 중 기술적인 분야에도 상당한 습득력이 있어 보였다. 이런 상황을 종합해 보니 연구소 복귀보다 더 성장 가능성이 높다고 판단하여 기본설계로의 전환을 권유했던 것이다. 결국 프로젝트 매니저 업무를 원활히 수행하면서 가스선에 대한 전반적인 기술을 습득한 후 능력을 인정받아서 부서장을 거쳐 임원으로 승진하게 된 것이다. 앞으로 현대중공업을 이끌어갈 차세대 리더로 주목받고 있는 인재이기도 한 훌륭한 후배가 나를 만나면 한 번씩 하는 말이 있다.

"정 부장님은 저의 인생 멘토이십니다."

나를 가장 행복하게 하는 말이다.

이렇게 자리를 잡아가는 후배들을 바라보면서 나름대로의 리더십에 대한 믿음이 있다. 소심하고 내성적인 사람이라도 노력 여하에 따라서 충분히 성격을 바꿀 수도 있고 이런 노력으로 터득한 리더십이 요즘과 같이 다변화된 사회에서는 보다 가치가 있다는 사실을 ….

돈키호테

나의 주위에는 돈키호테 같은 친구가 몇 명 있다. 하지만 보통 사람들이 생각하는 무모하게 풍차를 향해서 달려드는 비정상적인 친구들은 아니다. 우리가 일반적으로 알고 있는 돈키호테와 작가 세르반테스가 표현하고자 했던 돈키호테의 진정한 의미는 상당한 차이가 있다.

실제로 소설 『돈키호테』는 2002년 세계 유명 작가 100명을 대상으로 한 노벨연구소의 설문조사에서 '문학 역사상 가장 위대한 소설'로 선정된 작품이다. 이 소설이 최고의 문학 작품으로 꼽힌 이유는 인류가 본받을 만한 인간상의 정립에 있다는 것이 노벨연구소의 설명이다. 돈키호테는 분명 현실과 동떨어진 행동을 하는 사람이다. 하지만, 그는 언제나 자기만의 굳건한 신념을 가지고 있고 이상을 향해 끊임없이 도전하는 불굴의 용기를 가졌다. 비록 하는 일마다 현실의 벽에 부딪쳐 실패하는 경우가 많았지만 결코 좌절하지 않고 다시 도전하는 강인함을 보여준다. 돈키호테를 통해서 얻을 수 있는 교훈은 꿈과 비전, 목표와 도전 그리고 순수함과 용기다.

　많은 사람이 편안한 삶을 추구한다. 특히 최근 우리나라의 예를 보더라도 많은 우수한 젊은이들이 의사나 판검사를 최고의 직업으로 생각하고 공무원이나 교사가 되기 위하여 고시원에서 시험 준비를 하는 내면에는 도전적인 삶의 가치보다 편안한 삶을 더 큰 가치로 여기는 사고방식이 깔려있다. 예전에는 그래도 우수한 인재들이 물리학과나 공학 계열로의 진학을 통하여 꿈을 실현하고자 하는 경우를 접할 수 있었지만 요즘에는 거의 그런 사례를 찾아보기 어렵다. 하지만 사회 곳곳에는 자신만의 꿈을 가지고 끊임없이 도전하는 사람들이 여전히 존재한다는 것을 안다. 최근 방송에서 큰 인기를 누리는 K-POP이나 미스트롯, 미스터트롯 등을 보다 보면 어려운 환경 속에서도 자신의 꿈을 좇고 있는 많은 젊은이들을 만날 수 있다.

　중학교 시절 친하게 지내던 S라는 친구가 있었다. 조금 자유분방한 사고를 가진 친구였는데 대학 입학 후 몇 년 뒤 갑자기 자취를 감추어 버렸다. 나중에 안 사실인데 뉴질랜드로

어학연수를 떠난 것이었다. 그때만 해도 해외여행이 그렇게 자유롭지 못했기 때문에 어학연수라는 단어조차도 상당히 생소한 시절이었다. 그렇게 그 친구는 한동안 한국으로 돌아오지 않았다. 뉴질랜드에서 만난 아가씨와 결혼하고 그곳에서 새로운 사업을 시작해서 어느 정도 성공을 거둔 후 아기를 낳고 그곳에 눌러앉아 버렸다. 그렇게 꽤 많은 시간이 지난 후 다시 한국으로 돌아와서는 철강업 관련 유통업을 시작하는가 하더니 요즘에는 건축업에 뛰어들어 고군분투하고 있다. 사우디 가기 전 만났을 때 보여준 그의 손에는 직접 공사에 뛰어든 흔적을 확인할 수 있는 굳은살이 훈장처럼 남아있었다.

　의도한 결정도 있었을 테고 의도하지 않은 결정도 있었겠지만 자신의 살아오던 기반을 통째로 바꾸는 결정을 한다는 것이 평범한 일상을 보내는 사람들에게는 쉬운 일이 아니다. 타고난 성격이나 살아온 환경의 영향도 있었겠지만 자기 스스로의 신념과 결단력이 가장 큰 요인이라고 생각한다. 그 친구의 부친께서는 교편을 잡으신 관계로 상당히 보수적인 가정에서 자랐고 누나들만 있는 독자이기도 해서 처음 외국 생활을 결정하는데 상당히 어려움이 있었다고 했다. 하지만, 스스로의 삶에 충실하고 싶었고 자신의 판단을 믿고 과감한 결정을 내렸다는 말을 했다.

　우리는 인생을 사는 동안 수많은 변화를 겪게 된다. 변화는 누구에게나 두렵고 귀찮게 느껴진다. 하지만 변화의 순간이 다가왔을 때 현실의 편안함에 안주하다 보면 도태될 수밖에 없다. 스펜서 존슨의 『누가 내 치즈를 옮겼을까?』라는 책에는 급변하는 세상 속에서 변화에 대응하는 현명한 방법을 편안한 문장으로 잘 설명하고 있으며 특히 변화를 가로막는 가장 큰 방해물은 자신의 마음속에 있으며, 자신이 먼저 변화하지 않으면 다른 것도 변하지 않는다는 메시지를 던져주고 있다. 책 속 문장 중 '모험에서 흘러나오는 향기와 새 치즈의 맛을 즐기라'라는 표현이 있다. 모험과 도전을 즐길 줄 아는 자만이 진정으로 행복한 삶을 영위할 권리가 있지 않을까? 누구나 새로운 변화는 두렵고 어색하다. 하지만, 한두 번 시도하다 보면 두려움이 수그러들고 편안해짐을 느낄 수 있다.

그렇게 새로운 치즈를 찾아 과감히 새로운 세계로 나아간 또 다른 후배를 한 명 소개한다.

고등학교 후배이면서 같은 회사에서 오랫동안 같이 근무한 후배 한 명이, 5여 년 전쯤 한국의 생활을 훌훌 털어버리고 홀연히 미국으로의 이민을 결정했고, 지금은 휴스턴에 정착해서 살고 있다. 얼마 전 딸의 유학 때문에 휴스턴에 갈 기회가 있어서 오랜 시간 그 후배와 이야기를 나눌 기회가 있었다.

석사학위가 있고 박사학위 준비를 하고 진동 분야에 기술력을 갖추고 있어서 취업 없이도 영주권 획득이 가능했다고 한다. 중학교와 고등학교 다니는 아들을 데리고 가족이 모두 미국으로 옮겨서 무려 7개월 동안 취업을 위해서 이력서를 제출하고 면접을 봤단다. 영어가 잘 안 들려서 어떤 날은 고객 센터에 전화해서 하루 종일 물어보고 듣기를 통해서 현지 적응을 했다고 하니 이 얼마나 돈키호테 같은 행동인가? 미국 이민 결정을 할 때가 40대 후반이었고 학교 다니는 아들 둘을 데리고 그런 결정을 했다고 생각해 보면 나로서는 상상하기도 힘든 결정이다. 그러나 과감히 변화를 결정했고 지금은 정착해서 잘 사는 모습을 보면서 나의 가슴 한구석에서도 변화에 대한 욕망이 조금씩 끓어오름을 느낀다. 이런 자극들이 어느 날 갑자기 나에게 큰 파장으로 다가와 새로운 변화에 도전하겠지 하는 믿음이 있는지라 항상 소중히 간직하고 있다.

　　돌이켜 보면 조선업종에서 삼십여 년을 근무하고 있지만 나 자신도 다른 동료들에 비하면 상당히 많은 변화에 직면해 왔고 이런 친구들의 영향으로 인하여 스스로 적극적으로 변화에 대응해 왔던 것 같다.

　　종합설계부에서 10년 정도 근무하다가 CAD 개발부로 자진해서 옮겼던 결정도 쉬운 결정이 아니었다. 그 시절 한 부서에서 같은 직종으로 근무를 해야만 부서장이나 임원으로 승진할 수 있던 시절이었기에 주요 부서가 아닌 신생 전산 관련 부서로 옮긴다는 것은 위험 요소가 상당히 큰 결정이었다. 비록 개발 완료 후 복귀한다는 다짐을 받고 간 결정이었지만 한 치 앞도 모르는 상황에서 2~3년 앞을 어떻게 확신할 수 있었겠는가? 하지만 내가 나서지 않으면 담당 부서의 기본 계산 시스템을 바꿀 수 있는 기회를 놓칠 수밖에 없었고 경쟁사와의 경쟁에서 도태될 수도 있다는 확신이 있었기에 과감히 결정을 했던 것이다.

남들은 알아주지 않아도 지금까지의 직장 생활을 하면서 가장 보람 있는 결정이라고 생각한다. 나의 결정으로 인하여 지금까지 새롭게 도입한 기본 계산 시스템으로 설계 업무를 원활히 수행하고 있으니 말이다. 그 이후에도 종합 설계로 복귀했다가 다시 기본 설계실로의 전임 그리고 사우디 프로젝트로의 과감한 변신을 하다보니 이제는 변화에 대한 두려움이 많이 희석됨을 느낀다.

그렇게 5년여의 사우디아라비아 근무를 마치고 복귀한 후 많은 고민을 할 수밖에 없는 상황이 닥쳤다. 사우디아라비아 근무 중 새롭게 변경된 임금 피크 제도로 인하여 복귀 명령을 받았기 때문이었다. 임금 피크제가 적용되면 매년 10%씩 임금이 깎인다. 그러다보니 많은 선배분의 경우 의욕도 같이 감소되어 책임 있는 일보다 편안한 역무를 찾는 경우가 많았다. 이런 의기소침한 선배들을 옆에서 보면 서글픈 감정이 들곤 했었다. 나도 복귀하여 사우디 현장을 지원하는 지원부서에서 해 오던 일을 적당히 지원하는 역할을 할 수도 있었다. 그러나 그렇게 하기에는 나의 자존심도 허락하지 않았고 변화에 대한 열망도 여전히 강했다. 그래서 결정한 것이 친환경 선박 개조 사업을 새롭게 추진하고 있는 계열사로의 전적이었다. 예전 가스선 설계부에 같이 근무했던 동료들이 계열사의 임원이 되어 훌륭하게 조직을 이끌고 있었고, 같이 근무하자는 권유를 받기도 해서 과감한 결정을 했다.

2016년도에 새롭게 출범한 회사로 초창기에는 선박의 보증 업무와 부품 조달 업무를 주로 수행하다가 몇 년 전 세계적으로 친환경 선박에 대한 관심이 확대되면서 기존 선박에 대한 친환경 장비 개조 사업 분야로의 사업확장을 단행한 것이었다. 직원들도 대부분 삼사십 대고 나이로 치면 내가 전체 직원의 상위 5% 내에 해당되는 상황이었으니 적응에 대한 걱정이 있었다. 하지만 과감히 결정했고 지금은 젊은 친구들과 어우러져 형님 동생 하는 문화에 즐겁게 적응해 가고 있다.

100세 삶을 살아가는 요즘, 스스로 변화에 적응하지 않으면 도태될 수밖에 없다. 이런 변화를 편안하게 받아들이려면 평소에 많은 훈련이 필요하다. 직장뿐 아니라 일반 생활 속 조그마한 부분에서라도 스스로 변화에 적응하려는 시도를 할 때만이 큰 변화에도 쉽게 대응할 수 있다. 어떤 이들이 간혹 이런 말을 한다. '내가 때를 잘못 만나서 그렇지,

난세가 되면 영웅이 될 수 있을 텐데' 이건 말이 안 되는 소리다. 평소 작은 부분에서 행동하고 실천해 온 사람만이 난세가 되어도 영웅으로 거듭날 수 있지, 생뚱맞게 행동하던 사람은 난세가 오더라도 절대 영웅으로 거듭날 수는 없다. 돈키호테가 던지는 교훈의 핵심은 '나는 행동한다. 고로 존재한다'이다. 이렇게 한 치 앞을 내다보기 힘든 세상을 가장 행복하게 살아갈 수 있는 방법은 무엇일까?

고1 아들이 문과와 이과 사이에서 고민을 하고 있어서 아빠로서 한마디 조언을 해줬다.

"아들아, 네가 사회에 나가는 10년 후는 아무도 예측할 수 없다. 너 자신이 가장 행복하게 도전할 수 있는 분야가 어디냐만 생각해서 너 스스로 결정을 했으면 좋겠다."

지금 아들은 당당히 중앙대 공대에 합격한 후에도 계속 변화를 꿈꾸며 새로운 길을 찾기 위해 노력하고 있다. 지금까지 변화는 10년에 한 번씩 강산이 변했다면 앞으로는 1~2년에 한 번씩 변하지 않을까? 이런 환경에서 이제 더 이상 아이들에게 어떤 조언도 해줄 수 없음을 안다. 단지 변화에 적응하는 모습을 보여주고, 스스로 느끼고 적응할 수 있는 근력을 키워 주는 것이 가장 훌륭한 학습법이 아닐까 조심스럽게 생각해 본다.

비록 문과 이과 결정을 앞둔 고1뿐만 아니라 인생 이모작을 준비하는 많은 분들도 한번쯤 돈키호테 같은 삶을 살아보면 어떨까 하고 생각해 본다.

사람마다 추구하는 꿈과 목표의 크기가 다르고, 도전과 용기에 대한 마음가짐에도 차이가 있겠지만, 돈키호테와 같은 순수함을 가지고 자신의 꿈을 향해 말을 달릴 수 있는 용기를 내어 보길 응원한다. 나는 지금 이 순간도 새로운 창을 들고 달려갈 풍차를 열심히 찾고 있다.

눈높이 교육

도올 김용옥 교수님의 강연 중 공자의 기본 정신에 대한 내용이 있었다. 예전 학교에서 배운 공자의 기본 정신은 '인(仁)'이었지만 도올 김용옥 교수께서는 '호학(好學)'이 공자의 기본 정신이라고 주장 하셨다. 공자는 "다른 건 몰라도 나보다 배우기를 좋아하는 사람은 없다"라는 말씀을 하셨다고 한다. 자기계발을 위하여 평생 배우고 익히는 자세로 열심히 노력하는 것만큼 보람 있는 일은 없다고 생각한다. 이렇게 스스로 배우고 깨우치는 삶을 최고의 가치로 삼고 노력하다 보면 공자 수준까지는 아니더라도 누군가의 멘토 정도는 될 수 있으리라 믿는다. 이렇게 배우고 익힌 지식을 상대방의 눈높이에 맞춰서 설명까지 해줄 수 있다면 존경받는 멘토까지도 기대해 볼 만하다.

나의 학창시절을 돌이켜보면 나름 열심히 공부한다고는 했지만 고등학교까지 성적은 항상 중상위권이었다. 여러 이유가 있었겠지만 시험 공부하는 요령을 깨우치지 못했던 것도 이유 중 하나였다고 생각한다.

한 반에 겨우 20~30명 정도에 한 학년에 겨우 두 반밖에 없었던 시골 초등학교 시절에는 1~2등을 다투었는데 막상 부산으로 전학을 하고 보니 상황이 녹록지 않았다. 한 반에 50~60명으로 한 학년이 7~8반으로 구성되어 있었으며 몇몇 친구들은 과외수업까지 받고 있었으니 시골에서 산과 들로 뛰어다니며 노는 게 일이었던 촌놈이 주눅 들만했다. 전학을 와서 어느 과학 시간에 자동/반자동에 대한 수업을 하는 시간이 있었다. 바퀴 달린 차 양쪽에 고무줄을 묶어서 양쪽으로 당겼다가 한쪽을 놓으면 반대쪽으로 움직이는 실험을 하기 위하여 선생님께서 준비물을 가져오라고 하셨다. 나는 실력을 발휘하여 공사장에서 큰 각목을 주워다 톱으로 자르고 철물점에서 바퀴를 네 개 사서 못으로 고정하고 집에 있는 노란 고무줄을 달아서 학교에 들고 갔다. 그런데 다른 친구들은 다들 문방구에서 파는 실험 준비물 세트를 사가지고 와서 책상에 올려놓는 게 아닌가? 지금 돌이켜보면 참 창의적이고 대견한 행동이었던 것 같은데 그 당시만 하더라도 어찌나 창피하던지 내가 만들어간 준비물을 가방에서 꺼내지도 못했다. 이런 주눅

드는 상황들과 시골에서 마냥 뛰어놀던 성향들이 합쳐져 고등학교 때까지 특별히 공부 방법에 대한 전환점이 없었던 관계로 성적 면에서 특별한 두각을 발휘하지는 못했다.

하지만 대학에 입학하고 나서 공부 방법을 나름대로 이해할 수 있는 기회가 있었다. 동아리 선배 중에 학과 수석을 놓치지 않던 선배에게 대학 공부를 제대로 할 수 있는 방법을 듣게 되었다. 중·고등학교 시절처럼 무조건 외워서 하는 공부가 아니라 공대생으로서 원리에 대한 이해와 시험에 대비하는 방법에 대해서 마음에 와닿는 조언을 해 주셨다. 특히 그 당시 내가 힘들어하는 상황을 정확히 파악하고 이해하기 쉽게 눈높이에 맞는 설명을 해 주셨던 것이 큰 도움이 되었다. 그중 가장 중요하고 지금까지도 적용하고 있는 방법은 공부한 내용을 내가 이해하는 방식으로 정리해서 내 것으로 만드는 작업이다. 그 덕분에 대학 4년 동안은 상위권의 성적을 유지할 수 있었고 관련 학과에서 가장 선망의 직장이었던 현대중공업에 당당하게 취업할 수 있었다. 이런 눈높이 교육에 대한 효과를 확실히 체험한 덕분에 사회에 진출하여 강의할 기회가 있을 때도 효과적인 대응을 할 수 있었다.

개발부에서 신규 시스템 도입을 추진할 당시 시스템 계약과 개발업무뿐 아니라 매뉴얼 작성과 교육 업무까지 담당했었다. 그 당시 도입한 신규 시스템을 개발한 회사 이름이 핀란드 회사인 'NAPA YO'였다. 핀란드 말로 'YO'가 주식회사 같은 의미였다. 워낙 시스템 기능이 다양하고 복잡하여 그 당시 대부분의 사용자였던 동료들이 사용상 많은 어려움을 겪고 있었다. 그러다 보니, 회사 이름을 'NAPA YO = 나빠요'라고 부르며 어려움을 호소하는 상황이 발생했고, 결국 NAPA 본사에서 회사 이름을 'NAPA Company Ltd.'로 변경했던 기억이 난다.

 특히, 필요한 입력 데이터를 적절한 명령어로 입력하는 과정이 상당히 복잡하여 전체적인 흐름의 이해와 복잡한 명령어 습득에 상당한 노력이 필요했다. 예전에 사용하던 시스템은 FORTRAN이나 C 언어로 작성하여 데이터 파일을 일괄적으로 입력하는 방법이다 보니 한 번만 사용하고 데이터 내용만 숙지하면 되는 단순한 구동 방법이었다. 이 방식에 익숙하다 보니 다양한 TASK에서 복잡한 명령어로 입력하려고 하니 힘이 들었다. 그래서 기존 사용자들의 눈높이에 맞춰서 입력방법을 기존 시스템과 유사한 형식으로 프로그램을 개발하고 교육도 기존 시스템에 익숙한 사용자 수준에 맞춘 눈높이 교육을 실시하였다. 이렇게 하다 보니 프로세스에 맞춰 설계 오작 없이 도면을 작성하는 데는 훨씬 효과적이고 사용자들도 쉽게 접근할 수 있어서 효율을 극대화할 수 있었다. 그리고 당시 기본설계실과 상세설계실에서 사용하는 방법에도 차이가 있었다. 기본설계실은 초기 견적을 위한 개념설계를 수행해야 했기 때문에 선형 모델링부터 복원성 계산까지 전 과정을 1주일 이내에 마무리 해야 했지만 상세 설계실의 경우 선박의 건조 전 과정에 걸쳐 계산을 수행해야 했기 때문에 전 과정을 구동하는데 1년여의 기간이 소요되었다. 그래서 초기에 시스템 기능별 교육만 실시해서는 상세설계실 사용자가 전체적인 흐름을 이해하는 데 어려움이 있었다.

이를 해결하기 위하여 전체 설계 흐름에 맞춰 기능을 설명하는 교육 방법을 개발하였다. 특히, 실제 설계를 위해서는 선박 외형을 3D로 모델링하고 선박 내 각종 탱크를 일일이 정의한 후 복잡한 선박 선적량을 정의한 후 복원성을 계산해야 한다. 이런 복잡한 정의 과정을 최대한 간략화하여 직육면체로 모델링을 한 후 3~4개의 간단한 탱크를 정의하여 계산 수행하는 과정을 설명하는 형태로 최대한 눈높이 강의를 진행하여 사용자의 이해를 높이는 노력을 하였다. 이런 눈높이에 맞는 개발과 교육 방법을 통하여 초기에 많은 사용자가 겪었던 어려움을 해결할 수 있었다.

상대방과 눈높이를 맞춘다는 것은 비록 교육 방법론에만 국한된 것은 아니다. 업무를 할 때나 자녀 교육을 할 때에도 상당히 중요한 방법이다. 일방적인 지식 전달이 아닌 상대방의 입장을 이해하고 상대방의 수준을 파악한 후 눈높이에 맞게 설명을 하면 훨씬 정확한 메시지를 전달 할 수 있다.

　멘토 역할에서 의사 전달 수단 중 가장 중요한 두 가지 요소가 솔선수범하는 행동과 눈높이 교육이라고 생각한다. 그 중 제대로 된 의사 전달을 위해서는 우선 상대방의 눈높이 파악이 중요하고 그 다음은 눈높이에 맞는 전달 방법을 찾는 것이다.

　VISION 2030이라는 목표를 가지고 다양한 분야에서 사업 다각화를 시도하고 있는 사우디아라비아 파견 중 눈높이 교육의 중요성을 느낄 기회가 많았다. 사우디 대학 교과 과정에는 조선해양공학 관련 학과가 없다. 그런 관계로 합작사의 사장부터 신입사원까지 선박에 대한 지식이 전무한 상태지만 정부에서 강력하게 추진하는 조선소 건설 사업이다 보니 합작사의 주요 경영진 및 직원들이 사우디 국영석유회사인 아람코(Aramco)에서 파견왔거나 해외에서 다른 전공 학부 또는 석사 과정을 수료한 사우디아라비아 내 유력 가문 출신들이 대부분을 차지하고 있었다. 특히 중동 지역의 특성상 자신에 대한 자부심과 긍지가 대단하여 남들에게 무시당하는 것을 체질적으로 싫어하여 실무보다는 직책에만 관심 있는 현지인들에게 선박의 기본 개념에 대해서 제대로 이해시키는 과정이 여간 곤혹스러운 일이 아니었다. 특히, 신입사원들과 면담을 해보면 장래 희망이 사장 또는 고위 임원이라고 말하는 직원들이 대부분을 차지하고 이미 그렇게 행동하는 웃지 못할 상황과 맞닥뜨린 경험이 있다. 게다가 조선 관련 지식이 부족한 현지인이 어디서 주워들은 얕은 지식을 가지고 다 아는 체하는 상황이었으니 선박의 기본을 교육한다는 것은 쉬운 일이 아니었다. 이런 상황에서 효과적인 교육 방법은 철저히 교육 대상자에게 필요하고 이해할 만한 수준의 교육 과정을 준비하여 관심을 유도하는 방법이라고 생각했다.

당시 눈높이 교육을 위하여 준비한 교육 과정을 소개하면 이렇다. 경영진들이 공유하고 있는 회사의 'Business Plan'에는 다양한 영업 목표 대상 선박과 기본 제원 및 가격 정보가 포함되어 있다. Business Plan에 나오는 각종 용어와 관련된 내용 위주로 설명하면 자기들이 추후 임원이 되면 알아야 할 사항이라고 생각하기 때문에 상당한 관심을 가지고 교육에 몰두할 수 있으리라는 판단했다. 그리고 선박의 초기 계약과 연관된 기술 사양서 및 계약서와 관련하여 예제를 보여주면서 내용의 깊이를 더해 나가면 관심을 지속 시킬 수 있으리라 생각했다. 교육 당시 초대형 유조선 계약을 추진 중인 상황이었기 때문에 해당 선박의 특성과 주요 기술 사항을 교육하면서 계약 후 실무적 필요성을 강조함으로써 기대감과 집중도를 높이는 효과를 유도한 기억이 난다. 더하여 운항 중인 사우디아라비아 선주사인 BAHRI사의 운항선에 직접 승선할 기회를 만들고 승선 시 확인해야 할 사항과 선원에게 문의해야 할 사항들에 대한 내용을 교육 과정과 연결하여 설명하는 방법으로 교육을 실시하여 상당한 호평을 받기도 했다.

그리고, VISION 2030의 또 다른 사업 중 하나가 사우디아라비아 젊은이들의 일자리 창출이다 보니 매년 고등학교를 졸업한 학생 700명을 선발하여 2년 동안 직업 훈련을 실시하는 NITI(National Industrial Training Institute)라는 교육 프로그램을 정부차원에서 운영하였다. 한 번은 NITI의 초청을 받아 조선에 대한 강의를 할 기회가 있었다. 두 시간의 강의 요청을 받았는데 고등학교 졸업한 학생들이고 영어 교육을 받기는 했지만 영어로 진행하는 강의를 충분히 이해하지 못할 여지가 있었다. 그래서 방법을 찾다가 이미 나에게 교육을 받은 사우디 신입사원들 4명을 선발하여 같이 교육생들에게 필요한 내용을 나눠서 작성하게 한 후 감수를 한 후 내가 작성한 개념과 마지막 동기 부여에 대한 내용을 포함하여 영어와 아랍어로 나눠서 강의를 진행하여 NITI 교사들로부터 감사의 메시지까지 받을 수 있었다. 강의 말미에 성공 비결에 대한 동기 부여 관련 강의를 목적으로 한 장의 자료를 추가로 작성했었다. 1972년의 현대중공업이 들어서기 전 어촌 풍경 사진과 현재 세계 최대 조선소가 된 모습의 사진을 비교하고 옆에는 현재 사막밖에 없는 사우디 조선소 부지 사진과 미래의 중동지역 최대의 조선소가 되어 있을 모습의 조감도를 비교하면서 사우디 젊은이들의 꿈을 응원했다. 다음해 합작사 신년회에 NITI의 장학생들을 초대하여 장학금 전달식이 있었는데 같은 테이블에 앉은 사우디 학생 한 명이 그때 강의를 감명 깊게 들었다고 인사를 하는 것이 아닌가? 눈높이에 맞춘 교육은 한국이나 사우디나 모두 똑같이 통함을 실감하는 순간이었다.

    2023년 파견을 마무리한 후 복귀하는 시점에 내가 그렇게 눈높이를 맞춰 공감하고 교육했던 많은 현지 동료 후배들에게 선물로 받은 큰 장검은 지금도 집 거실에 멋지게 놓여 있다.

NITI 교육

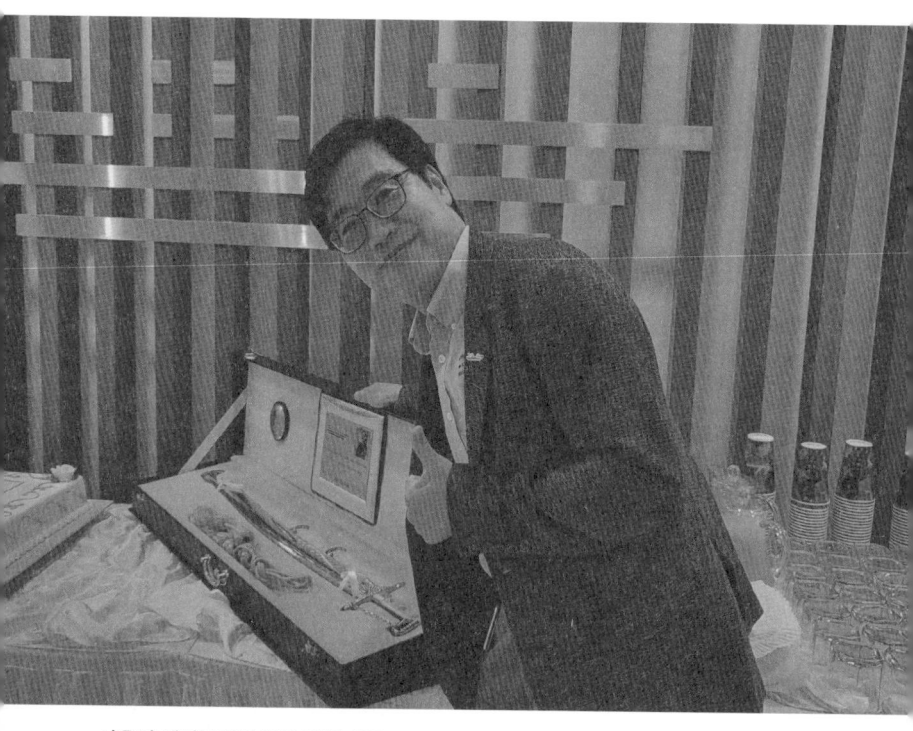

사우디 멘티들에게 받은 장검 선물

Part 2

새싹은 바람에 흔들리며
수목이 되고

참용기 그리고 스펀지

예전 회사 전사 게시판에 올라왔던 공문 한 장을 기억한다.

조직의 리더가 되기 위해서는 최소 2개 분야 이상의 상이한 업무 경험이 있어야 한다는 취지의 공문이었다. 조직의 리더가 되기 위해서는 다양한 업무 경험이 뒷받침되어야 한다는 논리였다. 많은 회사나 조직에서 잡로테이션(Job rotation)이라는 이름으로 이런 시도를 해왔었고, 일부 조직에서는 상당한 효과를 거둔 정책이었다. 하지만 조선업과 같이 경험을 중시하는 제조업체에서는 한 분야에서 오랜 경험을 쌓은 전문가를 조직의 리더로 선발하는 게 일반적인 관행이었다. 그런데, 그 시점 우리 회사 경영진에서도 변화의 필요성을 느꼈던 것 같다.

오죽했으면, 예전에는 부서를 옮기려면 사표를 낼 각오

를 하든지 또는 조직 내에서 업무적으로 무능하다는 평가를 받아야 한다는 농담 반 진담 반의 이야기까지 나왔을까?

이런 구조의 조선업 문화에 비추어 보면 나의 직장 생활은 참으로 파란만장했다. 그때 그 공문을 접했던 시점으로 보면 상당히 선구자적인 직장 생활을 했다고까지 할 수 있었다. 선박 상세설계 업무를 수행하는 종합설계부에 입사하여, 신규 CAD 도입을 주도하는 CAD 개발부, 선박의 개념설계 업무를 수행하는 기본설계부와 기술영업부에서 프로젝트 매니저 역할까지 수행하고 있던 시점이니 …. 그 이후로도 사우디아라비아의 신규 조선소 건설을 위한 컨설팅 업무를 경험하고 지금은 새로운 회사에서 친환경 선박 개조 분야에서 새로운 경험을 하고 있으니 조선업에 종사하는 사람치고 이렇게 다양한 경험치를 가진 사람도 그렇게 흔하지 않을 것이다.

기술영업부에서 사우디 프로젝트팀으로 부서를 옮길 때는 반나절 만에 일사천리로 전임이 결정되는 것을 보고 같이 근무하게 된 후배 직원이 "저는 3년이나 걸려 옮길 수 있었던 부서를 어떻게 반나절 만에 옮기십니까?"라며 놀랄 정도로 회사 내 전입은 어려운 게 사실이었다.

참용기

지금과 같이 다양한 경험이 조직의 리더 선정 기준의 우선 가치로 생각되는 상황이 예전부터 정착되어 있었다면 나의 회사 생활도 조금은 달라졌지 않았을까 생각한다. 하지만 몇 년 전만 해도 말로는 잡로테이션의 필요성을 강조했지만, 실제 조직의 책임자를 선정하는 기준은 기존 조직에서 오랜 경험을 가진 구성원 쪽으로 기울었던 게 현실이었다.

기술영업부에서 업무를 시작한 후 최선을 다한 결과, 능력을 인정받아 기본설계부에서 직책도 맡고 프로젝트 매니저 역할까지 수행하는 위치까지 올라갈 수 있었다. 한때 소속 부서의 부서장이 임원으로 승진하면서 공석이 된 부서장 자리에 내심 기대를 했던 적이 있었지만, 결국 기존 부서에서 성장해 온 동료가 부서장으로 발탁되며 고배를 마신 아픈 기억이 있다.

그해부터 조선업의 상황이 급격히 나빠지면서 대부분 선배들이 명예퇴직으로 회사를 떠났고 조직은 엄청난 변화에 직면했다. 그 결과, 그해 초 부서장으로 승진한 동료는 6개월 만에 임원으로 승진을 했고 다시 공석이 된 부서장 자리에는 또 한 번 기존 조직의 후배 직원이 선발되면서 연달아 고배를 마시는 상황이 발생했다. 부서장 선정 조건으로는 여러 가지 고려 사항도 있었을 것이고 발탁된 동료나 후배의 능력이 나보다 뛰어난 부분이 있었겠지만, 짧은 기간 안에 연달아 후배들에게 고배를 마신 입장에서는 상당한 마음의 상처를 받왔다. 어렵다는 조선기술사 자격도 보유하고 있었을 뿐 아니라, CAD 개발부 근무 당시 자기계발을 통해 정보처리 산업기사 자격증까지 취득할 정도로 열심히 직장 생활을 했다고 자부하고 있었고, 요즘 강조하는 다양한 분야에서 여러 가지 경험을 쌓으면서 진급 누락 없이 그 자리까지 올라왔었으니, 개인적으로 마음의 상처를 입었던 게 지금도 이해는 된다.

그즈음, 조선 산업의 극심한 불황으로 업무의 형태에도 많은 변화가 찾아왔었다. 일은 바빠지고 업무 내용은 복잡해졌으며 처리해야 할 일은 점점 많아졌지만 실적은 나지 않는 상황이다 보니 스스로 느끼는 일의 무게와 마음의 짐이 점점 커져만 가던 시간이었다.

이때 우연히 보게 된 신문의 고 이어령 교수님에 대한 칼럼 하나가 나에게 환한 빛줄기가 되어 안겨 왔었다. 그때 읽은 칼럼을 원문 그대로 소개하겠다.

이어령 선생은 천재다. 1934년 충남 아산에서 났다. 올해로 82세. 양주동 박사(1903~1977) 이후 거의 유일무이한 국보급 천재다. 양주동은 생전 술이면 술, 글이면 글, 말이면 말로 '국보 제1호'였다. 시인, 문학평론가, 국문·영문학자, 번역문학가, 수필가였다. 비공식 통계지만 양주동은 그 시대 TV나 라디오에 나와 가장 말을 많이 했고, 가장 많은 글을

썼다.

이 시대 이어령이 그렇다. 여든 넘은 나이에도, 수술하고 건강에 이상이 온 지금도 여전히 양주동처럼 박학강기(博學强記)를 뽐낸다. 내가 이어령과 인연을 맺게 된 건은 7, 8년 전 인연이 맺어진 서영은 작가를 통해서다. 이어령이 이화여대 교수를 하면서 1972년부터 14년간 월간 문학사상 주간을 할 때 서영은이 이어령을 모셨다.

몇년 전 서영은이 나를 불렀다. 이어령 선생을 모시고 점심을 하는 자리였다. 기라성 같은 문단의 원로급부터 중진 작가 10여 명이 있었다. 나도 말석에 자리를 잡았다. 이어령 선생이 조금 늦게 와 착석했다. 그때부터 마이크를 아마 90% 독점했다. 나도 어디 가도 꿀리지 않고 구라를 피울 줄 안다. 그런데 그날 나는 평생 처음 짧게 두세 번밖에 말하지 못했다.

나의 영원한 대부(代父) 최인호가 몇 차례 이어령의 말허리를 자르고 들어갔을 뿐이었다. "승옥이 형('무진기행', '서울, 1964년 겨울'의 작가 김승옥), 요즘 어떻게 지내?" 2003년 뇌중풍으로 쓰러진 여파의 말이 어눌해 필담으로 '충무공 이순신에 관심…'이라고 쓴 종이를 보여줬다. 그때 이어령은 다시 "임란 때 수군의 판옥선은…"이라며 해박한 지식을 한껏 과시했다. 놀라웠다.

지금은 하늘나라에 있는 최인호 대부에게 나중에 물어봤다. "왜 그랬냐고." "다 좋으신데 너무 마이크를 독점하셔서…" 나도 고개를 끄덕였다. 당시엔 압도당해 귀를 쫑긋 세우고 들었지만.

며칠 전 이어령을 같은 모임에서 봤다. 근데 건강이 예전 같지 않은지 마이크를 겨우 60%밖에 사용하지 않았다. 마음이 아팠다. 그가 건강하게 100세 넘게 오래오래 살아 보석 같은 체험담을, 깊고 풍부한 지혜를, 번득이는 예지를 후배들에게 많이 나눠주길 진심으로 빈다.

그날도 그는 나에게 보석 하나를 선물했다. 문화부 장관 때 일이었다. 외무부에서 유엔 본부에 전시할 각국의 문화재를 모집할 때였다. 어떤 문화재로 할지는 문화부의 소관이다. 그런데 외무부에서 제멋대로 신라금관으로 정하고 레플리카(복제품)를 전시하기로 한 뒤 노태우 대통령의 재가를 받고 문화부에 사후 통보했다.

이어령 장관은 보고를 받은 뒤 불같이 화를 내고 외무부에 항의했다. 그러나 대통령 재가가 난 사안을 뒤집은 전례가 전무했다. 할 수 없어 이 장관이 대통령 면담을 신청했다. 노 대통령에게 요모조모를 설명했다. "신하금관 모조품은 사이즈가 작아 눈길을 끌 수 없다. 오히려 88올림픽 때 사용한 용고(멕시코 큰 소의 가죽으로 만든 대형 북)나 월인천강지곡

목판인쇄본을 확대 복사하는 것이 훨씬 나을…" 듣고 보니 맞는 말이라 노 대통령은 바로 외무부 장관을 찾아 "나 노태웁니다. 이어령 장관 생각대로 하세요"라고 지시했다. 아마 대통령 재가가 난 사안을 뒤집은 첫 사례일 것이다.

이어령이 의기양양하게 돌아서는 뒤통수에서 대통령의 말이 들려왔다. "이 장관, 혹시 저의 좌우명을 아시나요. 참용기입니다. 참자 용서하자 기다리자. 그렇게 평생하다 보니 이 자리까지 왔습니다." 이 장관이 얼굴이 붉어져 돌아보는데 '물태우'라 불리던 노 대통령이 부처 같은 미소를 짓고 있었다.

-「이어령의 뒤통수를 때린 참용기」, 최영훈 수석논설위원,
동아일보, 2016. 2. 27.

이 칼럼을 읽은 후 책상 앞에 크게 '참용기'와 '스마일' 마크를 붙여 놓았다. 그 순간부터 마음은 훨씬 가벼워졌고 밀려드는 어려운 상황들을 예전보다 편안한 마음으로 헤쳐 나갈 수 있게 되었다.

힘든 상황을 견디는 순간은 언제나 힘들고 고통스럽다. 이미 후배까지 승진을 한 상황에서 그 조직에서 더 이상의 밝은 미래를 기대하기는 힘들었다. 하지만 기술직은 관리직과 비교해서 항상 새로운 기술을 배우고 적용할 수 있다는 좋은

점이 있다. 미국 셰일가스 개발로 인한 LNG 운반선과 에탄 운반선 등 새로운 기술을 익히고 실무에 적용하는 데 전념하며 승진에 대한 미련을 떨쳐내고 있을 즈음, 거짓말처럼 '참용기'의 기적이 나에게 다가왔다.

사우디아라비아에서 본사와 공동으로 조선소를 건설하는 프로젝트팀에 합류 제안을 받게 된 것이다. 연락을 받는 순간, 지금까지 쌓아온 다양한 경험을 발휘할 수 있겠다는 기대감으로 가슴이 뛰었다. 아내와 의논한 후 일사천리로 합류 결정을 하고 나니 다시 한 번 참용기라는 칼럼이 얼마나 나에게 많은 힘과 용기를 줬는지 실감이 났다.

이렇게 나는 스스로 신문의 칼럼을 통해서 인생 멘토를 발견하고 힘든 상황을 극복한 경험을 하게 된 것이다.

인생 멘토는 앞머리는 덥수룩하고 무성하지만 뒷머리는 없는 기회의 신 카이로스와 같은 모습으로 우리에게 다가온다. 다양한 모습의 멘토를 나의 인생 멘토로 만드느냐 마느냐 하는 것은 나 자신이 얼마나 좋은 멘티의 마음을 가지고 있느냐가 관건이다. 항상 주의 깊게 관찰하고 열린 마음으로 소중한 가르침을 받아들일 자세를 가지는 것이 중요하다. 그래서 후배들과 이야기할 기회가 있을 때마다 "스펀지 같은 사람이 되자"라는 이야기를 많이 한다. 인생은 항상 배우는 자세로 살아야 한다. 스폰지처럼 무엇이든 다 빨아들이는 마음가짐으로.

주위의 좋은 기운과 지식을 많이 흡수할 수 있는 스펀지 같은 멘티가 되어보자. 비록 그렇게 흡수한 모든 것을 적절히 소화하여 내 것으로 만들어야 하는 숙제는 남지만, 어느 날 고개를 들었을 때 사랑하는 당신의 후배로부터 이런 말을 듣는다고 상상해 보라.

"선배님은 저의 인생 멘토이십니다."

흐르는 강물처럼

'흐르는 강물처럼'

플라이 낚시의 아름다움을 생생하게 표현한 영상미가 뛰어난 영화 제목이다. 그리고 이 영화의 원작 소설의 제목이기도 하다. 헐리우드 스타 로버트 레드포드가 영화감독으로 데뷔한 이후 두 번째 촬영하고 젊은시절 브래드 피트의 모습을 볼 수 있는 작품이기도 하다.

보수적이고 엄격했으나 부성애 강했던 그리고 플라이 낚시꾼이기를 자처한 아버지 아래에서 자란 노먼과 폴 형제는 아버지의 영향을 받으며 낚시를 좋아하는 청년으로 성장한다. 전혀 다른 성향으로 성장한 형제가 낚시를 통해서 인생의 이치를 깨달아 가는 과정을 잔잔하게 표현한 영화이다. 영화에서 가장 마음에 와닿는 메시지는 바로 흐르는 강물이다.

강물은 흘러가면서 나무를 만나기도 하고, 바위를 만나 돌아가기도 하면서 여러 과정들을 겪는다. 바로 우리의 삶과 같다.

> 강물은 거대한 바위들 주변에서 소용돌이치며 깊어지는데 그처럼 장애물을 안고 돌아가는 곳의 포말 속에서 물고기는 산다. 물살이 느려지면서 위쪽의 여울에서 밀려 내려온 모래와 자갈들이 강바닥에 다져지기 시작하면서 강물은 얕고 잔잔해진다. 그렇게 다지는 일이 끝나면 강은 다시 세차게 흐르기 시작한다.
> — 노먼 F. 매클린, 이종인 역, 『흐르는 강물처럼』

노후에 인생을 되돌아 보면 30대 시절에 특별히 기억나는 추억들이 없다고들 한다. 그만큼 바삐 살았기 때문이란다. 결혼하고 육아하고 업무적으로도 가장 바쁜 연령대라서 그런 것 같다. 밀레니엄 버그로 세상이 웅성거렸던 2000년도를 목전에 둔 그 시절, 나는 30대였고 아주 바쁜 시간을 보내고 있었다. 회사에서 처음으로 유럽 선사로부터 수주한 차량과 여객을 운송할 수 있는 여객선(Ro-Pax) 건조에 참여하고 있었기 때문이다. 회사에서 처음으로 건조하는 여객선이라 새로운 설계와 법규 등 고려할 부분이 너무 많고 복잡했다.

특히, 1970년대 도입하여 사용하고 있던 선박 기본계산 프로그램을 여객선에는 적용할 수 없어서 핀란드로부터 'NAPA System'이라는 신규 프로그램을 도입하여 적용해야 했다. 설계 업무에 더하여 신규 프로그램 사용에 대한 기능까지 활용해야 하는 등 두세 배의 노력이 필요한 상황이었다.

세월호 침몰의 원인에 대하여 다양한 주장들이 제기되었는데, 일반인들에게는 생소한 선박 전용 용어가 있었다. 바로 '선박의 복원성(Stability)'이라는 용어다. 선박 기본 계산 중 가장 기본이 선박 복원성 개념이다. 특히나 선박의 흘수(수면 하부의 깊이)가 상대적으로 낮고 수면 상부가 높은 여객선은 복원성에 취약하여 선박 설계, 건조 및 운항에 각별히 주의를 요하는 선종이다.

이 NAPA System이 선박의 비손상(Intact)복원성과 손상(Damage)복원성을 계산해 주는 전용 프로그램이다. 특히 여객선의 경우 일반 상선에는 요구되지 않는 선박 손상 후 파도 등으로 인하여 해수가 여객선의 차량을 적재하는 갑판까지 올라왔을 때도 손상 복원성 한계치를 만족해야 한다. 이런 특별한 복원성 만족 여부를 계산하는 기능이 기존 프로그램에서는 구현하기가 힘들었기 때문에 NAPA System을 도입해야만 했다.

첫 여객선을 성공적으로 인도하고 두 번째 연속 호선의

인도를 준비할 즈음 회사에서는 신규 CAD 시스템 도입을 위하여 새로운 조직을 구성하고 있었다. 3D CAD System을 이용하여 설계부터 생산까지 연계한 통합 시스템 구축이 목표였다. 이 신규 CAD 시스템에는 선박 기본계산 프로그램은 포함되어 있지 않았다. 여객선 설계를 수행하면서 20여 년 전 구형 프로그램으로는 더 이상 선박 기본계산 분야에 대응하기가 어렵다는 판단으로 종합설계를 총괄하는 팀장에게 기본 계산 프로그램도 신규 CAD 시스템 도입 영역에 포함해야 하며 인원도 선발해야 한다는 건의를 했다.

하지만 기본 계산 프로그램 도입을 위해서는 선박 기본계산 지식과 컴퓨터 프로그램 개발 능력을 겸비한 사람이 필요한데 마땅한 자원이 찾기 어려운 상황이었기 때문에 팀장님도 필요성은 인정했지만 "누가 할 수 있겠나?"라고 반문하셨다.

그때 "그럼 제가 가서 도입과 개발에 참여할테니, 2년 후에 다시 설계실로 복귀시켜 주십시요"라고 자원을 하게 되었다. 통상 전산 관련 부서는 회사 내 주력 부서가 아니었으며 한 번 부서를 옮기면 마음대로 복귀가 힘들 수도 있었기에 걱정이 없는 것은 아니었다.

그러나 팀장님은 흔쾌히 승낙하셨고 새롭게 조직된 CAD 개발부에 참여하여 NAPA System의 도입, 개발뿐 아니라 교육까지 마무리하는데 계획했던 2년을 훌쩍 넘긴 4년여의 시간이 소요되었다. 중간에 조선 경기 악화로 CAD 도입이 잠정 연기되는 상황이 발생했기 때문이다.

우여곡절 끝에 프로그램 도입을 일단락하고 종합설계부로의 복귀 대신 기본설계부로 전임을 시도했다. 가고자 했던 기본설계부 팀장의 승낙을 받은 후 기존 부서 팀장에게 의논했다. 그런데 문제가 발생했다. 나의 후임으로 내정한 직원이 종합설계부 팀장 직속 직원이었기 때문이었다.

"정 차장도 기본설계부로 가고, A 대리도 CAD 개발부로 가면 나는 어떻게 일하라고?"

팀원이라 해봐야 10명도 안 되는 조직이라 충분히 이해가 됐다. 결국 나는 전임을 포기하고 원래 부서로의 복귀를 결정하게 되었다.

10여 년을 근무하던 부서로 4년여 만에 복귀했지만 새로운 ERP 시스템 도입과 변화된 환경에 적응은 쉽지 않았다. 하지만 기존에 같이 근무하던 동료들과 꾸준히 소통해 온 노력이 있었고 열정이 타오르던 시절이었다. 다음해 팀 내 소조직인 파트장까지 맡아서 바쁜 일정을 소화하다 보니 기존 10여 년 동안 깨우치지 못했던 다양한 경험을 하게 되었다.

그런 와중에, 지속되는 조선 경기 침체 상황을 극복하기 위하여 내가 소속된 종합설계부를 포함한 상세설계 인원들 중에서 핵심 자원을 뽑아 기본설계실로 전임을 보내기로 경영층에서 결정하는 상황이 발생했다. 내가 그 중 한 명으로 선발되었고, 2년여 동안 팀에서 근무하면서 기술적 역량도 강화된 상황이었기 때문에 희망했던 기본설계실로 무난히 전임하게 되었다.

2년 전 억지로 옮기려고 했다면 팀장님과 갈등도 생겼을 것이고 기존 부서에서 파트장으로서 다양한 경력도 쌓을 수 없었을 것이다. 특히, 지금 종합설계에서 핵심적인 업무를 담당하고 있는 당시 종합설계부에 갓 입사했던 멋진 동생들과의 소중한 인연을 맺지 못했으리라 생각한다.

'흐르는 강물처럼' 상황의 흐름에 따라 결정하고, 결정된 상황에서 최선을 다하다 보니 자연스럽게 원하는 결과를 거두게 된 것이다.

기본설계실로 전임은 했지만, 예상했던 해양사업 관련 물량은 기대만큼 수주가 되지 않았다. 그 당시 새로운 부서에서는 브라질 국영석유회사의 'FLNG FEED' 업무를 프랑스 설계회사인 SAIPEM과 진행이 한창이었다. FLNG와 같은 해양 관련 프로젝트는 엄청난 분량의 입찰 문건을 전자 파일로 주고 받는 경우가 많다. 담당자들이 전자 파일을 각자 출력하여 검토하고 정리하다 보니 불편한 점이 많아 보여서 이를 체계적으로 정리하여 책자 형태로 만들어 배포하고, 기존 CAD

개발부 근무 경력을 활용하여 선주사에 제출해야 하는 IT 관련 문건들을 작성하여 프로젝트 매니저에게 제출하다 보니 자연스럽게 해당 프로젝트의 조직도 내에 'IT Manager' 및 'Document Controller'로 포함이 되는 상황이 발생했다. 덤으로, 프랑스에 3개월간 코디네이터 자격으로 파견이 결정되었다.

그때 마침 해양사업부에서 수주한 원통형 FPSO의 기본설계를 우리 부서에서 진행하기로 결정되면서 프로젝트 매니저가 필요하였다. 기본설계부로 차출이 되어 올 때 프로젝트 매니저 후보군으로 선발되었기 때문에 원통형 프로젝트 매니저로 선발하자는 의견이 나왔다.

개인적으로는 프랑스 3개월 파견이 원통형 FPSO의 프로젝트 매니저 역할보다 욕심이 나는 프로젝트였지만 새로운 부서에 온 지 얼마 되지 않은 상황에서 나의 속마음을 내비치는 것이 바람직하지는 않는 상황이었다. 이런 상황에서 가장 현명한 방법이 '흐르는 강물처럼' 대응하는 것이다.

"저는 어떤 역할을 수행하더라도 최선을 다할 준비가 되어 있습니다." 라고 상부에 말씀드리고, 개인적으로 FLNG 책임지고 있는 프로젝트 매니저에게는 해당 업무에 애정이 있음을 직접적으로 표현을 하면서 원통형 FPSO의 프로젝트 매니저를 선정하는 분께는 강물에 거슬리지 않는 자세를 견지하면서 유연하게 대응을 했다.

결국 FLNG 프로젝트 매니저의 강력한 주장으로 프랑스 파리로 파견을 가게 되었고 두 번을 더 연장하여 9개월 동안 파리에서 근무하는 기회를 얻을 수 있었다.

'흐르는 강물처럼'이란 그저 강물에 몸을 맡기고 되는대로 흘러가는 것은 의미가 없다. 강물의 흐름을 파악하고 강물에 몸을 맡기되 강물의 줄기를 내가 원하는 방법으로 조금씩 바꾸는 현명한 노력이 필요한 대목임을 느낄 수 있는 순간이었다.

반면, 아이러니하게도 상세설계에서 선발되어 옮겨온 대부분의 인원은 원통형 FPSO 업무에 참여했고, 일반 상선의 신규 발주가 증가하면서 다시 상세설계실로 복귀하게 되었다. 차출 인원 중 나만 기본설계실에 남게 되었고 그 이후 직책과 장도 맡고 예전부터 희망했던 프로젝트 매니저 역할까지 경험하게 되었다.

이렇게 기본설계실에 잔류할 수 있었던 첫 번째 원인은 자신의 능력을 최대한 발휘하여 조직에 기여할 수 있는 방법을 스스로 찾아 행동으로 옮긴 것이었고, 두 번째는 '흐르는 강물'처럼 행동한 것이었다고 생각한다. 행운이 따라준 부분도 있지만, 주변 상황을 현명하게 잘 판단하고 큰 강물의 흐름에 해당하는 결정권자의 의중에 반하지 않는 선에서 흐름을 바꿀 수 있는 노력이 영향을 미쳤다고 생각한다.

운동을 하다 보면 "힘 주는데 삼 년, 힘 빼는데 삼 년"이란 말이 있다. 꼭 삼 년은 아니더라도 처음 운동을 시작하게 되면 몸에 힘이 들어가기 마련이다. 공을 멀리 차거나 빨리 결승점에 도달하기 위해서 힘을 줄 수밖에 없기 때문이다. 골프도 그렇고 배드민턴도 그렇고 수영도 마찬가지다. 몸에 힘이 들어가면 수영장에서 25m를 왕복만 해도 숨이 가쁘지만, 몸에 힘을 빼는 법을 익히면 1km를 수영해도 힘이 들지 않는다.

자신의 의지가 확고하고 추진하고자 하는 일에 대한 신념이 뚜렷하면 목표에 도달할 확률이 훨씬 높다. 하지만, 세상일이 그렇게 만만하지 않다. 큰 강물 줄기를 거슬러 올라가려고 하면 결국 물살에 휘말려 나의 목표는 흐지부지되어 버리는 경우가 허다하다.

우선 큰 강물에 몸을 맡기고 물줄기의 흐름을 파악해야 한다. 물줄기를 바꿀 수 있는 힘을 길러야 한다. 힘을 제대로 발휘할 수 있는 위치에 자리를 잡아야 한다.

그리고 천천히 길고 넓게 보며 저력을 가지고 목표를 향하여 나아가야 한다.

꿈을 향하여, 더 넓은 바다를 향하여….

거절당하기

　나는 3남 1녀 중 차남이다. 위로 일곱 살 터울의 형님과 두 살 터울의 누나 그리고 아래로 두 살 터울의 남동생이 있다. 자식들에 대한 사랑이 각별하셨던 아버지와 어머니 덕분에 고른 사랑을 받기는 했지만 차남이 주위의 애정을 받으려면 남다른 노력이 필요했던 것 같다.
　형님은 장남이라서 누나는 하나밖에 없는 딸이라서 그리고 동생은 막내라는 특별한 이유가 있었지만 나는 그런 게 없었기 때문에 주위의 주목을 받으려면 눈치껏 행동해야 했다.

　어린 시절 시골에서 농사를 지으시던 할아버지 할머니께서 적적하시다고 서너 살 정도 됐을 때 시골로 보내져서 몇 년 동안 할아버지, 할머니와 생활했던 것도 차남이라는 점이 작용했던 것 같다. 주말이면 아버지께서 시골에 오셔서 한 번씩 물어보셨다. "건출아, 아빠 따라갈래?" 그때마다 속으로는 당연히 따라가고는 싶었지만 그렇게 대답해서는 안 된다고 생각했다. "아뇨, 할아버지 할머니랑 살 거예요." 그렇게 대답하는 것이 할아버지 할머니께도 즐거움을 주고 아버지 어머니께도 부담을 주지 않는다는 것을 그 어린 나이에도 알았던 것 같다. 주위의 관심과 애정을 받는 방법을 갓 서너 살 때부터 알았던 것이다.

이렇게 내가 하고 싶은 것 보다 주위에서 원하는 방향대로 나의 생각을 맞추는 행동들이 자라면서도 성격에 많은 영향을 미친 것도 사실이다. 그러다 보니, 고3 담임 선생님께서 어머니와 가진 학부모 면담시간에 이런 말씀을 하셨었다. "건출이 같은 학생이면 100명도 가르치겠습니다" 그만큼 선생님 말씀도 잘 듣고 말썽 한 번 부린 적이 없이 학교생활을 했던 것도 이렇게 형성된 성격 때문이었던 것 같다.

젊은 시절 호기심이 많았던 나는 이것저것 다양한 시도들을 많이 해보았다. 운동으로 수영, 테니스, 축구, 배드민턴, 등산, 단전 호흡, 요트 그리고 취미 생활로 기타, 판소리, 최면술, 여행 등 다양한 분야를 섭렵해 보았지만 어느 한 분야에 깊이 빠지는 일은 잘 없었다.

그러나 30대 말 무렵 시작한 배드민턴 때문에 어떤 일을 꾸준히 함으로 느낄 수 있는 만족감과 실력의 향상을 알게 되면서 이런 단점은 조금 개선되었다. 출근 전 1시간 정도의 배드민턴 레슨을 근 4~5년 동안 꾸준히 받다 보니 사내부서 대항 배드민턴 시합 대표로 참가하고 구청장배 대회에도 참가할 수 있는 수준까지 되었다.

배드민턴을 치다가 무릎을 다친 후 시작한 수영의 경우도 5여 년 동안 아침마다 레슨을 받았다. 그 결과 울산시에서 개최하는 태화강 2km 수영대회에서 무사히 완주할 수 있는 수준이 되었다.

내 기분보다 주위 분위기를 우선적으로 맞추는 성격이다 보니, 개인적으로는 불편한 부분들도 많았다. 자기 주장을 남 앞에 자신 있게 펼칠 수 있는 능력도 부족했었고 개인적으로 추구하는 목표도 딱히 없어서 방황했던 시절도 있었다.

대학에 입학한 후 과대표 출마와 동아리 활동 등 다양한 노력들을 통하여 성격 개조를 시도하였다. 군 생활을 거치면서 남 앞에 나서서 이야기하는 것도 익숙해졌고 특히 회사에 입사 한 후에는 외부적인 환경에 더 많이 노출되면서 외향적인 성격으로 조금씩 변화할 수 있었다. 그 당시 조선업체는 장기간 불황으로 대졸 신입사원을 10년 정도 선발하지 않다가 오랜만에 신입사원을 선발하던 시점이었다. 십 년 만에 신입사원이 들어오니 사내 각종 친목 모임이며 사내 동문회 모임에서 간사 역할이나 총무 역할을 맡으라는 압력이 밀려오기 시작했다. 대학생활 동안 시도한 성격 변화를 통하여 남들 앞에 당당히 나서는 외향적인 표현이 가능해지다 보니 한때는 총무 역할을 7개씩이나 맡을 정도로 나의 의견을 당당히 표현할 수 있는 모습으로 탈바꿈할 수 있었다.

특히, 성격적으로 주위 사람들의 기분을 맞추고 배려하는 성격을 가진 덕분에 조직 내에서 나름 좋은 평가도 받았다. 하지만, 이런 외향적인 모습들이 원래의 내면까지는 바꾸지 못했다. 새로운 행사진행을 위해서는 엄청난 준비와 노력이 필요했고 여전히 어느 정도의 긴장감을 이겨내야만 했다. 그리고 어떤 결정을 할 때도 나 자신의 의지보다 주위 분위기를 먼저 읽으려고 하는 마음을 가질 때가 많았다. 이때 만난 인생의 멘토가 바로 'TED' 강연이었다. 영어듣기 실력 향상을 위하여 듣던 TED의 한 강연에서 나의 이런 성격을 한 단계 발전시키는 멋진 강연을 듣게 된 것이다. 강연 내용을 간단히 설명하면 이렇다.

지아 장(Jia Jiang)이 창업을 시작한 후 투자자들로부터 여러 번 거절을 당하며 어린시절 공개적으로 거절 당했던 기억이 떠올라 어려움을 겪게 되었다. 그때 거부치료 닷컴이라는 사이트를 통하여 30일 동안 밖으로 나가 거절당하는 시도를 하는 프로젝트를 접하게 되었고 직접 실천하면서 그 영상을 자신의 블로거에 올린 이야기다.

첫 번째 시도는 '낯선 사람에게 100달러 빌리기'였다. 길가는 낯선 사람에게 돈 100달러를 빌려 달라고 요구했고 당연히 거절을 당했다. 너무나 창피하여 지아 장은 뒤에서 뭐라고 부르는 소리에도 뒤돌아보지 않고 도망치기 바빴다.

두 번째로 시도한 '햄버거 리필받기'였다. 맥도날드 가게에서 음료수가 아닌 햄버거 리필을 요구했다. 당연히 거절은 당했지만 처음만큼 죽도록 창피하지는 않았다고 한다. 왜 안 되는지 질문까지 했다고 한다.

그렇게 두 번째 거절을 당한 후 세 번째 도전은 도넛 가게에 가서 '올림픽 오륜마크 도넛 요구 하기'였다. 당연히 거절당하리라 예상했는데, 가게 주인은 잠시 기다리라고 하더니 15분 만에 도넛을 만들어 주었다고 한다. 이 영상은 유튜브에서 500만 조회수를 달성하게 되었다. 지아 장은 큰 자신감을 얻었고 거절당하는 것에 대한 두려움도 많이 해소되었다.

네 번째 시도인 '낯선 집 뒤뜰에 꽃나무 심기'에서는 첫 집에서는 거절당했지만 차분히 이유를 물었고 집주인은 자신의 개가 땅을 파헤쳐 나무를 심어도 소용이 없기 때문이라는 사연과 함께 꽃나무를 좋아하는 이웃을 소개해 주었고 소개받은 집의 뒤뜰에 성공적으로 나무를 심을 수 있었다는 이야기를 전하고 있다.

이렇게 과감하게 자신의 요구를 이야기해 보면 기대하지 않았던 결과를 얻기도 한다. 간혹 당연하게 예상되는 'NO'라는 대답을 'YES'로 바꿀 수 있다는 이야기다.

그 외에도 지아 장은 '스타벅스 접대원으로 일하기', '대학교에서 강의하기' 등 거절을 두려워하지 않고 계속해서 성공으로 나아가는 길을 개척하였다고 한다. 이 내용의 교훈은 어떤 시도를 해서 결과가 좋지 않더라도 도전 자체만으로도 충분히 의미가 있다는 메시지를 전하고 있다. 이 영상의 결론을 다음과 같이 이어진다.

살면서 거절을 당하거나 인생의 장애물 혹은 실패를 겪었을 때 다양한 가능성을 고려해 보세요. 도망치지 마세요. 그 어려움들을 받아들이면 여러분들에게도 선물로 변화될 수 있습니다. 모든 변화와 성공의 물결은 두려움을 직면하고 용기를 낼 때 일어납니다.

이 강연을 듣는 순간 가슴에 엄청나게 큰 울림이 느껴

졌다. 이 영상을 보고 난 이후 나도 조그마한 실천을 통하여 큰 울림을 내 것으로 만들어 나가고 있다.

예전 같으면 낯선 곳에서 길을 찾을 때 최대한 지도와 시행착오를 거쳤던 것을 요즘은 아무나 잡고 당당히 길을 묻는다든지, 물건을 살 때도 예전 같으면 부르는 대로 지불하던 것을 이 강연을 들은 이후 꼭 한 번씩 흥정을 한다.

해외여행을 갈 때도, 일단 가고 싶은 곳이 있거나 마음을 먹으면 일단 왕복 비행기 표부터 예약하고 본다. 여행을 가서도 식당이나 가게 점원들에게도 궁금한 내용을 예전처럼 머뭇거리지 않고 물어보고 당당히 요구한다.

예전 수강했던 흙길 걷기 강연을 해주시던 김성주 여행연구소 소장님의 강의 내용이 생각난다. 여행할 곳의 가장 최신 정보를 제일 정확히 알 수 있는 방법을 알려 주셨다. 그 방법은 바로 '그 동네 파출소로 직접 전화해서 물어보기'다. 실제로 수강생 중 여자 수강생 한 분에게 직접 지역 파출소로 전화해서 연결시켜 주셨고, 그분이 문의한 내용을 파출소 근무하시는 분은 너무나 친절하게 설명해 주셨다. 전화를 받는 입장에서는 상당히 당황스럽기도 했겠지만 이렇게 거절을 두려워하지 않고 당당하게 도전을 해보면 다른 사람들은 모두가 나를 도와 줄 마음을 가지고 그 자리에 있다는 느낌을 받을 때가 있다.

쑥스럽고 불편해서 시도하지 않을 뿐이지, 내가 부탁하거나 요청하면 주위 사람들은 어떻게 하면 이 사람을 도와줄까 하는 착한 마음을 가지고 있다는 점을 기억하자.

라이벌 그리고 변화

라이벌(rivalis)은 라틴어 rivus(강)에서 유래된 단어로 강을 사이에 두고 싸우는 사람이라는 의미다. 역사적으로 각 분야에 상호 경쟁하는 라이벌이 상당히 많다. 라이벌은 때로는 서로를 이용하기도 하고 또 각자의 성공에 없어서는 안 될 중요한 경쟁자로 여겨지기도 했다. 혹자는 상호 경쟁에서 도태되어 허망한 최후를 맞이한 경우도 있다. 그렇다고 라이벌이 없으면 정말로 행복할까? 자기 자신을 잡아먹는 포유류 짐승이 없었던 뉴질랜드에서 키위새는 땅 위에서 쉽게 먹이를 구하며 편히 살다 보니 결국 하늘을 나는 법을 잊어버리게 됐다. 라이벌이 없으면 위기의식이 없어져서 변화를 감지하지 못하게 되고 동시에 성장의 모멘텀도 사라진다는 것을 알아야 한다. 그러나 라이벌 관계에서 항상 승자와 패자가 있기 마련이다. 상호 기량의 차이는 항상 존재하기 때문이다.

　　삼국지에 나오는 제갈량에게는 여러 명의 라이벌이 있었지만 대표적인 라이벌은 주유와 사마의다. 삼국지가 제갈량을 높게 평가하는 시각에서 쓰여지기는 했지만 지략과 재능 측면에서는 두 사람은 제갈량보다는 약간 부족했던 것 같다. 주유가 제갈량에게 세 번씩이나 기만을 당하고 난 뒤 분통이 터져 죽으면서 "하늘이여! 이 세상에 주유를 내었으면서 어찌하여 또 제갈량을 내었단 말인가?"라고 통탄을 한 장면이나 사마의가 제갈량과 서로 다른 시절에 만나지 않고 동시대에 만난 운명을 탓했다고 한 구절을 보면 미루어 짐작해 볼 수 있다. 특히, "죽은 제갈량이 산 중달을 쫓다"라는 문장에 있듯이 사마의는 제갈량이 죽었다는 정보를 듣고 대대적인 공격을 가하다가 제갈량의 수레를 보고 후퇴를 결정할 정도로 제갈량에 대한 두려움까지 있었던 것 같다.

　　두 사람 모두 제갈량의 라이벌이었지만 두 사람이 제갈량에게 대응하는 방법은 차이가 있고 결과 또한 극명하게 달라진다. 적벽대전에서 철저한 전략으로 조조에게 대승을 거두었던 주유가 제갈량과의 지략대결에서 연전연패하면서 평정심을 잃어버리고 손권의 누이를 미끼로 유비를 유인하려고 했을 때부터 주유답지 않은 처신을 한다. 제갈량도 인정하듯이 재주와 식견은 서로 라이벌 급이었지만 주유는 매번 패배의 쓴잔을 마신다. 지략을 펼칠 때 제갈량을 의식했기 때문이다. 제갈량을 넘고자 하는 욕망이 강하다 보니 자신의 탁월한 독창성을 발휘하지 못했던 것 같다. 현상에 대한 본질을 파악하고 인내심을 가지고 때를 기다려야 하는데 너무 조급한 마음을 가진 게 주요 패인이 된 것이다. 주유가 자존심보다 자긍심을, 조급함보다 평정심을 가지고 인내했다면 상황은 달라졌을 것이다.

반면 사마의의 제갈량에 대한 대응은 완전히 달랐다. 자기보다 한 수 위의 기량을 인정하고 철저하게 인내하면서 경쟁에 임했다. 제갈량과의 전쟁에서도 제갈량에 대한 대응뿐만 아니라 위나라 내부 정세까지 고려한 작전을 펼친다. 그 이후 조조의 세자 책봉에서 발휘한 인내, 벼슬을 거절하고 기회를 보는 인내와 쿠데타를 할 때 병을 핑계로 모사를 꾸미는 행동을 보면 상당히 전략적인 인물임을 알 수 있다. 결국, 사마의의 손자 사마염에 이르러 265년에 진나라를 세우고 280년에는 오나라의 항복을 받아 내어 삼국시대를 끝내고 중국을 재통일했다. 결론적으로 말하면 사마의는 제갈량과 비교당하며 비겁한 인물이라고 놀림을 당하더라도 이를 극복하기 위해 자기답지 않은 돌출 행위도 하지 않았고 자신만의 전략을 펼쳤다. 제갈량처럼 빛나고 극적인 인생을 사는 것도 훌륭하지만 요즘 같은 세태의 평범한 사람들에게는 지금 처한 환경에서 자신이 할 수 있는 최선의 방법을 찾아 그것에 만족을 찾는 것도 나름대로 행복한 삶이 아닌가 생각한다.

"강한 자가 살아남는 것이 아니라, 살아남는 자가 강하다"는 말에서도 비슷한 의미를 확인할 수 있다. 통상 이 말이 긍정적인 면보다 편법적인 방법으로 살아남는 처세술로 치부되는 경우가 많다. 하지만 진정한 의미는 '가치 있게 오랫동안 살아남는 것'이라고 하는 게 맞다. 맡은 바 역할에 최선을 다하여 조직에서 필요한 존재로 인정을 받으며 끝까지 살아남기 위해서는 자신에 대한 정확한 판단과 냉정한 자기관리, 기복 없는 성실함에 더하여 지속적인 자기계발을 통한 변화 능력을 갖추어야 가능할 것이다. 이런 기본 자질이 갖추어졌을 경우 비록 최고 경영층으로까지의 승진 기회는 없더라도 조직의 꼭 필요한 핵심요원으로서 주위의 신망과 존경을 받으며 오랫동안 살아남을 수 있을 것이다.

대기업에서 삼십여 년 동안 근무를 했으니 요즘처럼 사오정 시대에 비추어 보면 엄청나게 오랫동안 살아남은 셈이기는 하다. 나와 비슷한 상황의 동료나 후배들 중 대부분은 동일한 직무를 이십여 년 이상씩 해 온 사람들이 많다. 그 반면 나는 여러 부서에서 다양한 경험을 할 기회가 있었고 사우디아라비아에서 새로운 조선소 건설이라는 프로젝트 참여를 거쳐 지금은 친환경 선박 개조 관련 업무를 재미있게 수행하고 있다. 비록 임원으로 승진한 동기들이나 선후배들과는 결은 다르지만 기술자의 길을 걷는 측면에 있어서는 나름 가치있는 역할을 하면서 누구보다 오랫동안 살아남아 있다고 할 수 있겠다. 지금까지 직장생활을 해오면서 몇몇 라이벌도 있었고 때로는 승자의 입장이 되기도 하고 때로는 패자의 입장에 서기도 했었다. 지금 돌이켜 보면 승자의 입장도 패자의 입장도 그 순간의 기분을 제외하면 큰 차이가 없었던 것 같다.

입사한 지 몇 년 되지 않았을 때 같은 부서에 입사 동기가 두 명 있었다. 그 당시 내가 소속된 부서는 업무량이 타 부서 대비 상대적으로 적었던 관계로 세 명 중 두 명을 타 부서로 일정 기간 파견을 보내기로 결정하여 나만 부서에 남게 되었다. 그 순간만 해도 나는 동기 중에서 선택받은 것 같아 속으로 상당히 기분이 좋았다. 그러나 일 년쯤 뒤 동기들이 복귀한 후 사뭇 분위기가 달라졌다. 그 당시 부서의 역할이 타 부서와의 협업이 역할의 반 정도를 차지하다 보니 타 부서에서 일 년 정도 경험을 한 친구들이 나보다 업무 이해 능력 폭이 훨씬 넓어져 있다는 사실을 알게 되었기 때문이다.

입사 후 10여 년이 지났을 즈음 회사 내에서 미국에 3개월 동안 MBA 교육을 보내는 과정이 있었는데 나보다 일 년 후배가 선발되는 상황이 발생했다. 해당 과정의 선발은 추후 진급과 직책자로의 발탁에 결정적인 영향을 미치는 요소였다. 개인적으로 생각했을 때 그 후배에 비해 업무적으로 밀리지 않는다고 생각했는데 막상 결과가 나오고 나니 실망이 이만 저만이 아니었다. 이후 그 후배는 계속 같은 부서에 남아서 직책과장을 거쳐 부서장까지 승진했다가 지금은 직책에서 물러나 설계 연관 업무를 수행하는 상황이다. 내가 계속 같은 부서에 남아서 경쟁을 했다면 어떤 상황이 벌어졌을지는 모르지만 나는 과감히 변화를 선택했었다. 전임을 통하여 새로운 업무 경험 기회를 쌓았고 꾸준히 조선기술사, 정보처리산업기사 및 CAPM 자격증에 더하여 선박안전관리사 자격증까지 획득하기 위한 노력도 했으며, 현재는 새로운 회사에서 친환경 선박에 대한 새로운 기술에 대하여 공부하며 또 다른 미래를 준비하고 있으니, 훨씬 가치 있게 기술자로서 역할을 이어가고 있다는 자긍심을 가진다.

고인 물은 썩고, 흐르는 물은 쌓이지 않는다.

몽골의 수도 울란바토르 근교에는 돌궐제국을 부흥시킨 명장 톤유쿠크의 비문이 있다. '성을 쌓고 사는 자는 반드시 망할 것이며 끊임없이 이동하는 자만이 살아남을 것이다. 닫힌 사회는 망하고 열린 사회만이 영원하리라'는 이 비문은 인터네티카 시대를 살아가는 모든 이에게 매서운 교훈이 될 것이다.

알렉산더 대왕, 나폴레옹 그리고 히틀러가 제패했던 영역을 모두 합한 땅보다 넓은 777만 km^2를 정복했던 칭기즈 칸이 이끌었던 유목민들에게 주목해야 할 특징은 끊임없이 이동하면서 한시도 경계를 소홀히 하지 않았다는 것이다. 떠돌아다니는 삶에 맞춰 소지품을 간소화하고 정보를 능란하게 수집하고 속도를 중시했다. 이를 통해 서로 접속하고 소통하는 공동체를 형성함으로써 세계를 제패해 나갔던 것이다. 정착문명인이 만리장성을 쌓으며 제 이익과 기득권 보호에 혈안이 돼 있을 때, 유목 이동 문명인은 길을 닦았다. 그것이 만리장성보다 더 소중한 인류 유산으로 일컬어지는 실크로드다.

환경, 정보화, 세계화가 화두로 떠오른 21세기 또한 유목민 시대다. 이에 대한 『잡노마드 사회』의 저자 군둘라 엥리슈의 지적은 정말 날카롭다. '잡노마드(Jobnomard)'는 직업(Job)을 따라 유랑하는 유목민(Nomad)이란 뜻의 신조어로 과거의 직업 세계에 등을 돌린 사람들을 일컫는다. 그들은 평생 한 직장, 한 지역 그리고 한 가지 업종에 매여 살지 않는다. 잡노마드는 승진 경쟁에 뛰어들지도 않고, 회사를 위해 목숨 바쳐 일하지도 않는다. 직업 세계에 새로 등장한 이 신종 부류는 자신의 가치를 정확히 분석하고 자신을 위해 그것을 이용하는, 현대화를 실천하는 주인공이다. 끊임없이 변화하는 직업의 세계에서는 자유만이 진정한 안정을 보장한다.

사우디아라비아에서 아람코와 합작사에서 근무하던 부서에는 사우디아라비아인, 인도인, 영국인 그리고 포르투갈계 스코틀랜드인이 근무했었다. 5년 동안 같은 부서를 거쳐 간 서양인이 세 명이나 있고 그중 초대 리더였던 단이라는 영국인은 사우디 아람코에서 파견한 CEO의 지시에 반대 입장을 표시한 당일 부로 해고를 당하기도 했다. 후임으로 부임한 리더의 경우 인사부 출신인데 회사의 가장 중요한 부서 중 하나인 '신사업 추진 및 영업 부문'의 리더로 상당 기간 업무를 맡아 CEO 인정을 받았으며 모회사인 사우디 국영 회사인 아람코로 옮기는 행운을 얻었다. 한국에서는 상상할 수 없는 일과 변화들이 사우디아라비아를 비롯하여 해외에서는 벌써 진행되고 있다는 사실을 경험했다.

그렇게 넓은 지역을 호령했던 몽골제국 멸망의 가장 큰 원인으로는 정체성 상실을 꼽는다. 칭기즈 칸이 "내 자손들이 비단옷을 입고 벽돌집에 사는 날 내 제국이 망할 것이다"라고 경고했듯이 유목민족의 정체성인 이동과 변화를 멈추는 순간 제국의 번성도 멈춰 선 것이다.

일본의 니케이비지니스가 펴낸 책 『기업의 수명은 30년이다』에는 일본 기업 100년사에서 기업 평균 수명이 30년에 불과하다는 통계가 실려 있다. 창업자는 창업 당시 경제환경을 정확하고 예리하게 파악해서 회사를 설립한다. 하지만 시간이 흐르면서 변화하는 환경에 제대로 적응하지 못하기 때문에 결국 30년을 넘기지 못한다. 기업의 장수 비결은 창업 정신을 잃지 않는 것이다. 위기가 닥칠 때마다 재창업하듯 변화를 시도해야 한다. 그렇지 않으면 크고 단단한 기업이라도 살아날 길이 없다. 현시대에서 가치 있게 오랫동안 살아남고 싶다면 끊임없이 변화해야 한다.

보스턴 컨설팅의 보고서에 나온 문장이다.

매일 아침 아프리카에선 가젤이 눈을 뜬다.
그는 사자보다 더 빨리 달리지 않으면 죽으리라는 것을 안다.
매일 아침 사자 또한 눈을 뜬다.
그 사자는 가장 느리게 달리는 가젤보다 빨리 달리지 않으면 굶어 죽으리라는 것을 안다.
당신이 사자이건 가젤이건 상관없이
아침에 눈을 뜨면 당신은 질주해야 한다.

손자는 먼저 이긴 연후에 싸우라고 했다. 그러므로 사전에 계산하여 승산이 없으면 당연히 싸울 필요가 없다. 승산이 없는 싸움은 기다리라는 것이다. 기다리지 못함은 성격적으로 심각한 결함이다. 싸워야만 영웅이고 사내대장부라고 여기는 사람들은 기다림도 전투의 일부분일뿐더러 어떤 의미에서는 대단히 중요한 전투임을 모른다.

사우디 회사 다국적 직원

백일잔치

우리는 예로부터 아기가 태어나서 100일이 지나면 무사히 자란 것을 대견하게 여기며 잔치를 벌여 축하하는 백일잔치 풍습이 있다. 이는 옛날에는 의술이 발달하지 못하여 백일을 채우지 못하는 유아가 많아 백일잔치로 축하했지만 의술이 발달한 요즘은 100일보다는 돌을 더 중요시하는 경향이 많다. 실제로 1925~1930년까지 1세 미만 영아 사망률이 무려 73%에 달했다는 조선총독부 자료가 있다고 하니 불과 100년 전과 현재의 차이는 엄청난 듯하다.

때로는 한 계절이 바뀌기도 하는 이 100일이라는 날들이 아기뿐만 아니라 우리가 새로운 환경에 온전히 적응하는 데 걸리는 기간과 맥을 같이 한다고 믿는다. 그래서 나는 새로운 환경에 도전할 때마다 100일이라는 기간에 상당한 의미를 부여하고 최대한 집중하려고 노력해 왔다.

예전 4년여 동안의 개발부서 업무를 마무리하고 기존 10여 년을 근무했던 종합설계부로 복귀한 적이 있다. 복귀한 시점이 카타르 국영선사에서 발주받은 LPG 운반선의 설계가 거의 마무리되어 건조가 한참 진행 중인 때였다. 이미 차장 직급이었던 상황이었고 건조가 한참 진행 중인 시점이라 조금의 여유도 허용되지 않는 상황이었다. 복귀 당일부터 선주 감독관실에 불려가서 업무 협의를 해야 했고, 나를 위해 마련된 복귀 환영회에도 늦게 참석했던 기억이 떠오른다.

그렇게 시작된 복귀 부서에서의 적응에는 약 100일 정도 시간이 필요했던 것 같다. 돌이켜보면 30년을 근무해 온 회사 생활 중 가장 힘들었던 기간이었다. 100일 간의 힘들었던 경험이 이후 나에게는 새로운 도전을 하는 데 많은 도움이 되었다.

입사 후 선배님들로부터 가장 많은 지도를 받았던 것이 자료 정리였다. 모든 설계 자료는 개인 것이 아니고 회사의 정보이며 개인이 부재중이더라도 다른 사람들이 업무를 할 수 있도록 정리를 깔끔히 해야 한다는 잔소리를 귀에 딱지가 앉도록 들었다. 각종 도면별로 색인표를 만들어 붙이고, 공문서들은 수발신 순서대로 파일로 정리한 후 보관해서 누구든 언제든 쉽게 찾아볼 수 있도록 관리하도록 교육을 받았고 업무를 해 왔었다.

그런데 불과 4년여의 시간이 지난 것뿐인데 업무 인수인계를 받을 시점의 업무 방식은 완전히 달라져 있었다. 모든 관련 도면은 전산 파일로 접수하여 개인 PC에 보관되어 있었고 하드카피 형태로 주고받던 공문서는 이메일로 이루어졌으며 이 또한 개인 PC에만 저장되어 있어서 새롭게 업무를 인수한 입장에서는 필요한 정보를 찾아보는 데 많은 어려움이 발생하였다. 그리고, 현업과 분리된 개발업무 분야에 근무하다보니 관련 설계부서 직원들과의 소통 자체에도 어려움을 느끼는 지경이 되었다. 실무적인 감이 떨어져 있었던 것이다.

조선 사업의 특징이 계약에서 인도까지 전체 공정이 마치 컨베이어 시스템처럼 흘러가는 과정이라 설계 단계에서 도면 배포 일정 하나만 삐끗해도 연관 부서에 엄청난 파급 효과가 미친다. 그래서, 회사에서는 전사적 자원관리 시스템(ERP 시스템)을 통하여 철저히 모든 건조 과정을 관리하다 보니 담당하는 호선의 도면 출도가 하루라도 지연되면 개인뿐 아니라 해당 과나 부서의 실적에 반영되기 때문에 상당한 스트레스 받는 상황이 계속되었다. 개발부서 파견 기간 중 새롭게 도입된 ERP 시스템에 적응해야 하는 부담까지 덤으로 보태졌으니 부담감은 더 커져만 갔다. 특히 담당하는 선박의 선주 감독관들이 기술적으로 상당한 실력이 있었을 뿐 아니라 사소한 사안에 대해서도 트집을 잡는 상황이 많아서 자다가 깜짝깜짝 놀라 깨는 날도 있었다. 지금도 그때 설정해 놓았던 아침 기상 알람 소리를 들으면 신경이 곤두설 지경이다.

입술까지 부르트면서 하루하루를 버티던 중이었지만 과에서 중간 관리자 역할까지 담당해야 하는 상황이라 같이 근무하는 과원들을 돕고 지도하는 일도 소홀히 할 수가 없는 환경이었다.

선박의 건조 과정에 '진수(Launch)'라는 단계가 있다. 선박의 탑재가 거의 마무리되면 드라이 도크(Dry Dock)에 해수를 채워 선박을 물 위에 띄우는 과정이다. 통상 샴페인을 선체에 던져서 깨트리는 행사를 진행하는 이벤트가 진수식에서 이루어진다. 이러한 진수 과정 중 근래에 들어서 선박 건조의 생산성을 향상하기 위하여 새롭게 도입된 개념이 부분 진수(Tandem) 건조 방식이다. 도크의 회전율을 높이기 위하여 한 개의 도크에 전체를 완성한 선박과 반토막만 탑재한 선박을 동시에 물 위에 부상시킨 후 전진수 선박은 안벽으로 옮기고 부분 진수한 선박은 다시 도크에 가라앉혀서 공사를 진행하는 공법이다. 이런 공법을 수행하기 위해서는 선박이 물 위에 부상했을 때 수면 하부의 흘수가 바닥에 닿지 않도록 최적의 평형수 양을 계산하여 해수 저장 탱크에 선적하는 것이 가장 중요한 업무다. 이런 평형수 저장 탱크 선정과 양을 계산하는 것이 우리 과의 중요한 역할 중 하나였다.

그 계산을 수행하는 프로그램이 내가 참여하여 새롭게 도입하고 개발한 'NAPA System'이었다. 현업 직원들이 새로운 시스템에 익숙하지 못해서 내 도움이 필요했었다. 특히 당시 부분 진수를 수행했던 선박 중의 하나가 건조 공정상 탑재 형상이 일반적인 선박과 달라서 새로운 시스템을 이용하여 계산하기도 힘들었고 구조적 문제로 진수식 전날 돌괄 작업을 통해 선체 보강 작업까지 수행하다 보니 새벽이 되어서야 마무리할 수 있었다. 그렇게 나의 고유 업무에 더하여 팀원들 지원 등을 수행하며 백여 일을 지내다 보니 조금씩 업무에 적응해 나갈 수 있었고, 바쁜 와중에도 팀원을 위하여 노력하다 보니 팀원들과도 자연스럽게 마음을 열고 하나가 될 수 있었다.

이렇게 새로운 팀에 적응을 위한 100일 간의 극복 경험은 시간이 지나면서 새로운 팀에 합류하거나 승진하여 새롭게 팀을 맡아서 적응에 어려워하는 후배 직원들에게 들려주는 나만의 단골 메뉴가 되었다.

이후 새로운 부서로 이동하고 여러 가지 과정들을 거쳐 부장으로 진급한 후 과를 담당하는 직책과장으로서 보임을 맡았을 때의 일이다.

그 당시 한동안 침체해 있던 조선 산업의 시황이 조금씩 풀리면서 선박의 수주가 늘면서 경력사원들을 대거 채용했던 때가 있었다. 내가 맡고 있던 과에도 중견 조선소에 근무했던 경력사원 한 명이 합류하였다. 기존 회사에서는 상세설계 업무를 수행했던 터라 비록 유사한 직무이기는 하지만 기본설계 업무에 대한 이해와 새로운 환경에 적응하는 데 많은 어려움을 겪고 있었다. 특히 활달한 성격이 아니다 보니 본인이 느끼는 스트레스가 컸던 것 같다. 그래서 업무적이나 개인 생활적인 부분에 대해서 소소한 부분까지 챙겨주고 지도하면서 나의 100일 극복기도 이야기 해주었다. 당장 힘들더라도 조금만 참고 견뎌 보라고 그렇게 100일만 견디다 보면 반드시 여유가 생길 거라는 이야기가 그 후배에게는 많은 힘이 됐던 것 같다. 어렵더라도 본인의 일뿐 아니라 가능하면 주위 팀원들의 업무에도 도움을 줄 수 있도록 노력해 보라는 조언까지 실천하지는 못했지만 나름대로 잘 적응하여 10년 정도가 지난 지금도 열심히 본인의 길을 잘 개척해 나가고 있다. 그 해 연말 나는 그 후배로부터 평생 잊을 수 없는 선물을 하나 받았다.

손으로 꾹꾹 정성껏 적은 손편지를 한 장 받은 것이다. 그때 받은 감사의 손편지는 아직도 나의 폰에 저장되어 있고, 술자리에서의 가장 큰 자랑거리다.

존경하는 선배님 정건출 부장님께
항상 힘이 되어 주시고 곁에서 든든한 지원군이 되어 주시는 부장님!

제가 새로운 곳에 와서 부장님을 만나 같이 생활하게 된 것은 정말 행운이라고 생각합니다.

저는 부장님께서 그 어느 누구보다 열심히 일하시는 모습과 부서원 개개인에게 세심한 배려를 하시는 것이 느껴질 때마다 부장님 밑에서 일할 수 있다는 것이 자랑스럽고 행복하다고 생각했습니다. 비록 부장님의 기대에 못 미칠 수도 있겠지만 저는 부장님의 열정적인 모습을 보면서 저도 부장님처럼 열심히 해봐야겠다는 열의가 샘솟아 오릅니다. 부장님께 배울 것도 많고 가르침도 더 받고 싶은데 아쉽게도 3월이면 다른 부서에서 일을 하게 된다니 긴 아쉬움을 달랠 길이 없습니다. 그래도 같은 층에서 뵐 수 있으니 그나마 다행입니다.

저는 부장님이 잘 될 거란 걸 믿습니다! 선배님은 마음도 따뜻하신 분이시잖아요. 모든 사람을 포용할 줄 아는 마음을 가지셨으니 승승장구하실 거라 믿어 의심치 않습니다.

올해도 원하는 일 잘 이루시고 복 많이 받으시고 건강하시길 바랍니다.

감사합니다. 선배님 사랑해요.

직장생활을 하면서 많은 좌절도 맛보았고 성취감도 느

껴봤다. 승진을 하거나 상을 받거나 또는 본인이 수행한 프로젝트를 성공적으로 완수했을 때 상당한 성취감을 느끼기도 했다. 하지만 이렇게 정성을 쏟아서 도와주고 지도한 후배에게 감사의 편지나 인사를 받을 때의 기쁨과 만족은 그 어떤 성취감보다 뿌듯했다.

직접 경험한 교훈만큼 훌륭한 교안은 없는 것 같다. 나의 작은 경험이 좋은 교훈이 되었고 이 교훈을 아끼는 후배에게 전달하는 멘토 역할을 하면서 또 한 명의 훌륭한 멘티가 탄생하고 이 멘티는 누군가의 멘토가 되기 위하여 노력하리라 믿는다.

새로운 환경에 처해서 어려움을 겪고 계시는 분들에게 꼭 말씀드리고 싶다. 딱 100일만 견뎌 보시라고. 그냥 견디는 것이 아니라 10%만 더 힘을 내서 주위를 살피고 도우려고 노력을 하면서 견디다 보면 어느 순간 입에서 "하~" 하는 소리와 함께 속이 탁 트이는 순간이 올 것이고 그때 고개를 들어 주위를 둘러보면 이미 주위 동료들과 한 팀이 되어 있다는 사실을 느끼게 될 것이다.

직장생활을 하면서 가장 행복했던 순간을 꼽으라고 하면 "당신은 나의 진정한 인생 멘토이십니다"라는 말을 후배에게 듣는 순간이라고 자신 있게 말할 수 있다.

결정은 너의 몫

"나는 누구인가? 어떻게 살 것인가?"

인문학에서 자주 접하는 관심 있는 화두다. 반백 년을 살아오면서 항상 고민해 왔고 여전히 정답을 찾는 중이다. 하지만 누군가와 이런 주제로 대화를 할 때면 나만의 대답이 있다.

나는 죽음을 앞두고 내 아이들과 나눌 마지막 대화를 상상해 본다. "아빠! 아빠는 살아오시면서 어떤 시간으로 돌아가시면 지금보다 더 훌륭한 삶을 사실 수 있으셨을 것 같아요?" 이 질문에 나는 이렇게 대답하고 싶다.

"얘들아, 아빠는 살아오는 순간순간 최선을 다해 살아왔기 때문에 어느 순간으로 돌아가더라도 지금까지의 삶보다 더 훌륭한 인생을 살 수는 없을 것 같다."

돌이켜보면 실수한 적도 있고 미처 생각하지 못한 부분

으로 인하여 잘못된 결정을 한 경험들이 있었지만, 어떤 결정을 하기까지는 가열 찬 고민을 통하여 결정했고 결정 후에는 뒤돌아보지 않고 앞을 보고 내 결정에 책임을 지는 자세로 최선을 다하다 보니 어느 순간 시간을 돌이켜보더라도 별로 후회가 남는 순간들은 아직까지는 없었다. 앞으로도 이런 마음가짐을 계속 유지할 수만 있다면 '어떻게 살 것인가?'에 대한 나의 대답은 정답에 가까울 수 있으리라 생각한다.

살다보면 뜻대로 안 되는 경우도 있고 어려운 결정을 해야 할 상황도 많다. 특히, 진학이나 취업을 앞둔 청소년들이나 젊은 친구들의 결정은 충분한 경험이 없는 상태에서 때로는 즉흥적으로 혹은 주위 어른들의 의견에 편승하여 결정을 내리는 경우가 있다. 주위에 사촌 동생, 조카 그리고 자녀들을 통하여 다양한 조언의 과정과 결정의 순간을 경험할 수 있다. 최근 입시 제도와 취업의 실태를 보면 이런 결정과 선택의 중요함을 절절히 느낄 수 있다. 부모님의 열화와 같은 관심과 독려를 등에 업고 영재고나 특목고를 졸업한 후 소위 말하는 국내 최고의 SKY대학에 입학한 조카나 동료의 자녀들도 있고, 경제적인 여유와 정보력을 바탕으로 중고등학교 시절부터 해외로 유학을 가서 현지에서 대학을 졸업한 후 취업과 결혼을 한 후 행복하게 살아가는 사촌 동생도 있다. 그 외에도 일반적인 전문대학이나 대학교를 졸업하여 다양한 직종에 취업한 후 직장생활을 하는 젊은 친구들도 보게 된다. 이들 중 진로와 관련하여 직간접적으로 조언을 했던 사례를 돌이켜보면 올바른 멘토링이 어떤 것인가에 대해 다시 한 번 생각하게 된다.

사촌 동생인 C는 10여년 전 대입에서 공대로 유명한 H대학교 전자공학과와 서울에 있지만 입학 성적이 상대적으로 낮았던 S대학교 나노공학과에 수시로 합격한 후 등록을 앞둔 상태였다. 부모님을 위시하여 주위의 모든 이들이 H대학교로 진학하기를 권고했지만 본인은 기필코 나노 공학에 관심이 있다며 S대학교로의 등록을 주장하는 상황이었다. 등록 마감 전날 저녁 이모에게 전화가 와서 사촌 동생에 대한 설득을 부탁받았다. 내가 생각해도 그 당시 주위 상황이나 향후 취업 등을 고려해 보면 과 위주보다 학교 위주의 선택이 우선이었다. 그리고, 나노 공학이 그 당시 아직 국내에서 사회적이나 학문적으로 초기 단계여서 미래가 불확실한 상황이었고 기초학문인 전자공학을 학부에서 전공을 하고 본인이 굳이 더 공부를 하고 싶다면 대학원에서 나노를 전공하는 것이 좋을 것 같다고 판단했고, 그런 취지로 대화를 나눴다. 결론적으로 H대학교에 진학을 결정했고 지금은 굴지의 S사에 취업하여 스스로 선택에 만족하며 기술자로서의 삶을 살아가고 있다. 본인이 원하는 길을 선택하는 것은 중요하다. 하지만 경험이 부족하고 판단 능력이 성숙하지 않은 경우에는 주위의 조언과 도움이 필요하다. 하지만 본인이 원하는 길을 부모나 어른들의 주관에 따라 판단하고 강요해서는 안 된다. 자녀의 장단점을 정확히 판단하고 아이들이 나중에라도 행복한 삶을 살아갈 수 있는 방향으로 도움을 주는 것이 중요하다.

최근에 조카도 어려운 결정을 한 경우가 있다. 아버지께서 평생 교직에 몸담으셨는데도 당신의 자식 4남매 중에는 한 명도 교직과는 인연이 없었다. 다행히, 누나의 장남 K가 외할아버지의 뒤를 잇겠다는 포부를 가지고 사범대에 입학하여 임용고시에 도전했지만 1차까지는 합격을 하는데 최종 시험에서는 번번이 고배를 마셨다. 부모들과 세 번까지만 도전하고 실패할 경우 다른 길을 가기로 단단히 약속을 해놓았단다. 결국 세 번의 고배를 마신 후 임용고시를 과감히 포기하고 새로운 취업을 시도했지만 녹록지가 않았다. 스스로 위축되다 보니 그동안 사귀던 여자친구와도 헤어졌고 많이 의기소침해지는 상황까지 도달했다. 이때 자형이 조카에게 새로운 방향을 제시했다.

"대학을 졸업했다고 해서 굳이 화이트 칼라의 길을 갈 필요가 있느냐? 블루 칼라로 방향을 전환해도 얼마든지 행복한 삶을 살 수 있지 않느냐?"

누나는 내심 불만족스러워했다고 하지만, 결국 본인도 마음을 굳혔고, 열심히 노력해서 관련 자격도 취득하고 실습도 병행하던 중 인테리어업계의 성장하는 중견 업체에 대졸 신입사원으로 채용된 것이다. 현장 실무까지 겸비한 대졸 신입사원이니 일하는 것도 신이 나고 본인 성격에도 맞아서 행복한 직장생활을 하고 있다. 덤으로 헤어졌던 여자 친구와도 다시 재회를 하여 단란한 가정까지 꾸렸으니 주위 멘토 역할을 하는 분들의 올바른 방향 제시와 결심이 얼마나 중요한지를 느낄 수 있다. 지금도 많은 고시생들이 자신의 꿈을 향해서 노력하고 있지만 주위에 올바른 길을 안내해 줄 멘토가 있다면 또 다른 방향을 제시하거나 지금 향하고 있는 목표에 대한 확신을 심어줄 수 있지 않을까 생각한다.

누군가의 진정한 멘토가 된다는 것은 쉬운 일이 아니다. 결국 결정은 본인이 하는 것이기는 하지만 경우에 따라서는 멘토의 한마디가 누군가의 인생을 달라지게 할 수도 있기 때문이다. 누군가에게 충고나 조언을 할 때 특별히 나쁜 마음을 가지지 않는 이상 대부분 사람들은 호의를 가지고 자기 스스로 옳다고 생각하는 방향을 조언하게 된다. 하지만 상대방의 입장을 배려하지 않거나 제대로 파악하지 못한 상태에서 자신만의 생각을 이야기하다보면 경우에 따라서 낭패를 볼 수가 있다.

> 말을 키우는 할아버지와 소년이 있었다. 어느 날 할아버지가 시내에 볼일을 보러 간 사이 소년이 말을 돌보게 되었다. 서로 행복한 시간을 지내다가 갑자기 말이 고열에 시달리게 되고 소년은 열을 내리려 밤새도록 물을 먹이며 간호했지만 결국 말은 죽게 된다. 할아버지가 돌아오시자 소년은 "할아버지 전 말을 사랑했고 최선을 다해서 간호했어요!"라고 울면서 말했다. 그러자 할아버지는 "얘야, 말은 열이 날 때 절대 물을 먹여선 안 된단다. 넌 네 방식대로 말을 사랑한 거야. 말을 사랑하려면 네 방식이 아닌 말의 방식이어야 하는 거란다"라고 대답하셨다는 이야기가 생각난다.

우리는 간혹 내 생각이 최선이라고 믿는 경우가 많다. 하지만 상대방의 입장을 배려하지 않은 상태에서 조언을 하다 보면 의도하지 않는 결과를 초래하게 되는 경우가 간혹 발생한다.

누군가의 삶을 환하게 밝혀주는 멘토가 되고 싶다면 내 방식대로의 고집과 교만을 내려놓아야 한다. 내가 생각하는 그 무엇이 아닌 상대방이 원하는 것이 무엇인가에 관심을 기울여야 한다는 말이다.

상대방을 사랑한다고만 해서 제대로 된 조언을 해줄 수 있는 것은 아니다. 우선 본인의 방식을 내려놓고 상대방의 상황을 들여다 보며 상대가 진정으로 원하는 것이 무엇인지, 상대가 행복해지려면 어떤 길을 가는 것이 옳은 결정인지를 생각하면서 의견을 조심스럽게 전달해야 한다. 더욱 중요한 것은 '결정은 상대방의 몫으로 남겨두는 것'이다. 특히, 요즘처럼 급변하는 상황에서는 누구도 한 치 앞을 예상하기가 힘들기 때문이다.

Part 3

아낌없이 주는 나무

흔적 남기기

"호랑이는 죽어서 가죽을 남기고 사람은 죽어서 이름을 남긴다."

이 속담처럼 보통 사람들이 죽어서 이름을 남기기란 쉬운 일이 아니다. 하지만 가까운 지인들만이라도 인정해 줄 수 있는 나만의 흔적 남기기 정도는 시도해 볼 만하다고 생각한다. 평범한 사람이 스스로 자랑할 만한 자신의 흔적을 남길 수 있는 중요한 키워드는 '끈기'라고 믿는다. '알렉스 바나얀'이라는 학생이 18세부터 7년 동안 빌 게이츠를 포함한 세계의 유명한 인물들을 직접 만나는 과정의 도전과 실패 그리고 그 과정에서 느낀 이야기들을 『나는 7년 동안 최고를 만났다』라는 책에서 끈기의 가치를 설명하고 있다.

"끈기는 두뇌, 가문, 인맥보다 더 중요하다. 그 일을 백번 이상 할 의지가 있다면 결국은 제대로 해낼 가능성에 접근하기 시작한 거야. 운 덕분이라고 해도 좋고, 끈기 덕분이라고 해도 좋아, 할 수 있는 모든 노력을 기울이면 결국 해낼 수 있어."

자신의 목표를 이루기 위해서 끈기 있게 오랫동안 노력을 한다는 게 쉬운 것은 아니지만, 특별한 재능이나 특기가 없다고 생각하는 평범한 사람에게는 자기 흔적을 남길 수 있는 가장 가능성 높은 방법이 끈기를 가지는 것이다.

'마흔 살이 되기 전에'라는 지나가는 말 한마디를 가슴에 담았다가 기술사 자격증을 획득했다고 언급했지만, 기술사 자격증에 도전한 또 하나의 이유는 나의 흔적을 남기고 싶은 마음이었다. 12년 동안 설계실에서 설계 관련 업무를 수행하다가 개발팀으로 옮기고 나니 과연 설계실로 다시 복귀할 수 있을지도 불분명했고 10여 년 동안 계속해 오던 선박 설계 업무의 흔적을 남기고 싶다는 생각이 들었다. 그래서 도전한 것이 조선기술사 자격증 취득이었다. 업무적으로 바쁜 시기이기는 했지만 그때를 놓치면 나의 10여 년의 흔적이 사라질 수 있다는 위기감에서 단단히 마음을 먹고 1년여의 노력 끝에 자격증을 취득할 수 있었다. 그 당시 공부하면서 손으로 직접 정리한 자료들은 이후 기술사를 준비하려고 자문을 구해오는 후배들에게 제공한 기억도 있다.

이렇게 시작한 나의 흔적 남기기는 그 이후에도 계속되었다. 개발팀에서 신규 CAD 프로젝트를 어느 정도 마무리하고 다시 설계실로의 복귀를 준비할 즈음이었다. 전산 개발 관련 업무를 한 4년여에 대한 흔적을 남기고 싶다는 생각이 번쩍 들었다. 그래서 시작한 것이 '정보처리 산업기사' 자격증 공부였다. 자격증을 딴다고 해서 특별히 나에게 도움이 되는 것은 없었지만 나름대로 이론적으로 정리할 기회도 되었고 나 스스로 인생의 흔적 남기기 프로젝트를 본격적으로 시작하게 된 계기가 되었다.

그 이후 기본설계실로 부서를 옮기고 기본계획업무를 거쳐서 프로젝트 매니저 역할을 수행하였다. 3년여의 프로젝트 매니저 역할을 수행한 후 사우디아라비아 조선소 건설 현장에 투입되어 컨설팅 업무를 수행하다 보니 '흔적 남기기'에 대한 다짐이 생각났다. 사우디 파견 전 수행했던 프로젝트 매니저 업무에 대한 국제 자격증인 미국 PMI(Project Management Institute)에서 주관하는 CAPM(Certified Associated in Project Management) 자격증 취득에 도전하게 된 것이다. 2019년 1년 정도의 독학을 통하여 목표한 CAPM 자격증 취득에 성공하였다. 흔적 남기기와 조금은 차이가 있지만, 조선업계에 근무하면서 가장 중요하게 생각한 분야가 안전 관련 분야였다. 정부 차원에서 2022년부터 시행된 중대재해처벌법 이전에도 해양 구조물 등의 제작 사업에서 세계 굴지의 오일 메이저 회사들은 수주 단계에서부터 안전 관련 실적을 입찰 조건에 내걸기도 했었다. 사우디아라비아에서 근무하는 동안 아람코에서 파견 나온 많은 직원들이 가장 중요하게 강조한 부분이 사업에 대한 이윤과 공정 준수보다 안전을 중요시하는 모습을 보면서 안전 관련 공부를 하고 싶다는 생각을 많이 했었다.

새로운 회사로 옮기기 전 휴가 기간을 이용하여 산업안전기사 자격증 공부를 잠시 했었다. 그러나 이 시험은 주관식으로 진행되는 시험이라 주요 항목들을 암기해서 적어야 하는 시험이었다. 나이가 들었다는 것을 실감했다. 이해는 되는데, 주요 항목들을 암기하는 것이 힘들었다. 게다가 새로운 회사에 적응하는 시간이 도전을 막아섰다. 하지만 항상 마음에 담고 있던 흔적 남기기의 목표는 또 다른 모습으로 내게 다가왔다.

2023년 새롭게 생긴 선박안전관리사 자격증 시험이었다. 선박 소유자는 2024년 1월 5일부터 선박, 사업장의 안전 관리를 위해서 선박안전관리사 자격증을 가진 사람 중 안전관리 책임자를 선임해야 한다는 정책에 의거하여 2023년 11월에 첫 시험을 개최한 것이다. 이 시험에는 산업안전관리

종목을 포함하여 선박관련법규, 해사안전 및 선박자원 관리론 등 시험 과목 수는 많았지만 주관식이 아닌 객관식으로 진행되는 시험이라 준비하기가 한결 수월했다. 3개월간의 준비를 거쳐서 11월 말 또 하나의 흔적 남기기에 성공하고야 말았다.

2004년 30대 끝자락에 기술사 자격증 취득으로부터 시작한 흔적 남기기 노력이 만 56세 끝자락까지 이어져 안전 분야까지 발전을 하였다. 지금 이렇게 책 쓰기를 시작하게 된 것은 자격증 이상의 한 발 더 나아간 인생 전반에 대한 흔적을 남기고 싶은 소망에서 시작된 것이기도 하다. 기술사 자격증 취득을 시작으로 지금까지 꾸준히 달려올 수 있었고 앞으로도 새로운 목표를 향하여 달려가면서 흔적 남기기를 해 나갈 수 있는 힘이 앞에서 말한 끈기에서 나온 것 같다. 끈기는 어떤 면에서 보면 지치지 않는 힘이라고 생각한다.

사람이 살아가면서 항상 평탄한 날들만 있는 것이 아니고 때로는 외롭고 힘든 날들도 있기 마련이다. 이런 날들이 모여서 인생이 되는 것이기에 이 하루하루를 얼마나 알차게 살아가느냐가 나의 인생을 결정하는 것이 아닐까 생각한다. 하루라도 좋고 몇 년이라도 좋다. 자신이 살아온 흔적들을 글쓰기도 좋고 자격증이라도 좋으니 도전해 보는 노력을 하다 보면 스스로의 삶 자체가 소중해짐을 느낄 수 있을 것이다. 한두 번의 시도에 꾸준한 노력만 더해지면 흔적 남기기는 나의 인생을 소중하고 자랑스럽게 만들어 주리라 확신한다. 나만의 흔적 남기기가 누군가에게 전달되어 다른 사람들에게까지 좋은 영향을 미칠 때는 그 보람이 한층 커지고 새로운 의미에서의 흔적이 되기도 한다.

이런 노력의 일환으로 시도했던 것이 회사 내에서 운영하는 '야간자율직무교육' 제도를 이용하여 부서 내 후배들에게 조선기술사 취득을 지원하는 시도였다. 회사의 지원을 받아 스터디 그룹을 결성한 후 기술사 취득에 필요한 노하우도 전수하고 같이 자료도 공유하는 기회를 만들었다. 2009년 시작한 이 스터디 그룹에 참가했던 한 후배는 2011년 기술사 자격을 취득하게 되었다. 그 이후, 회사 연수원의 요청을 받아 부서 단위로 운영했던 스터디 그룹을 회사 연수원에서 진행하는 공식적인 강의 형태로 확장하게 되었다. 이렇게 '조선기술사 기본지식 함양 과정'을 개설하여 뜻 있는 기술사 동료들과 강의를 시작한 이후 2011~2012년 각 한 명, 2013~2014년에는 각 4명까지 기술사를 배출하게 되었다. 매년 3~4명씩 배출하던 기술사의 규모는 2019년에 전국 13명 합격자 중 8명의 합격자를 배출하여 전국 합격자 중 50% 이상의 조선기술사를 본 강의를 통해서 배출하게 된 것이다.

조선 분야의 경우, 조선 공학, 기계 공학, 전기/전자 공학을 비롯하여 화학공학, 건축 공학까지 공학 계열 전 분야가 녹아 있는 복합적인 산업이다 보니 별도의 기술사 준비용 교재도 나와 있지 않는 상태이고 다양한 분야의 자료도 구하기 힘들어 기술사 자격증 준비를 하는 데 많은 어려움이 있다. 그렇기 때문에 이런 조선 기술사 준비 과정이 사설 기관에서는 운영하기가 힘들다. 그런 와중에, 매년 배출되는 기술사들의 살아있는 경험을 들을 수 있을 뿐 아니라 이론적인 강의와 다양한 자료까지 받아볼 수 있으니 경쟁력이 있을 수밖에 없는 것이다. 이런 교육 과정 운영을 인정받아 2013년 제49회 기술사의 날에는 미래창조과학부 장관 표창까지 수상하는 영광을 얻었다.

지금은 물리적 상황으로 인하여 직접 강의에 참가는 못하지만 나의 강의를 들었거나 영향을 받은 많은 후배들이 기술사 자격을 획득하여 강사로 참여하고 있다.

2008년 조선기술사 자격증을 취득한 직장 동료가 한 명 있다. 대한민국 최고의 S대학에서 조선해양공학 석사학위까지 취득한 후 당사 연구소에서 근무하다가 기본설계 부문으로 전임와서 같이 업무를 하면서 알게 된 동료다. 사석에서 나의 기술사 취득 이야기를 듣고 관심을 가진 후 사내 강의까지 수강한 후 준비를 해서 자격증 취득에 성공했다. 자격증 취득에 특별히 도움을 준 것은 없을지 몰라도 가까이에 있는 평범한 동료가 기술사 자격증을 보유하고 있다는 사실만으로도 쉽게 도전을 할 수 있었던 것 같다. 2차 시험인 면접을 앞두고 대응 방법이라든지 최근 합격자들의 면접 내용을 받아서 전달해 주는 등 몇 가지 도움을 주기는 했지만 가장 큰 도움이 된 것은 '정건출 부장도 딴 기술사를 나라고 못 딸까?'라는 동기 제공이 가장 큰 도움이 되었다고 술자리에서 말한 기억이 난다. 이 동료는 기술사 취득을 기회 삼아 지금은 부산의 한 대학에서 교수님으로 근무 중이다.

이런 걸 보면 '인생 멘토'가 되는 것이 그렇게 어려운 일은 아니라고 생각한다. 가까이에 있는 동료나 선배의 평범한 관심과 말 한마디가 인생의 변곡점이 되어 줄 수도 있기 때문이다. 자격증 취득일 수도 있고 성실하게 살아가는 행동 하나일 수도 있다.

나와 비슷한 사람의 평범한 도전과 성취가 유명한 석학이나 위인보다 더 쉽게 상대방의 마음에 닿아서 영향을 줄 수 있지 않을까? 우리는 누구나 누군가의 인생 멘토가 될 수 있다. 조금만 관심을 가지고 나누어 줄 마음만 있다면 준비는 충분히 되었다고 생각한다. 한 가지 양념은 행동으로 보여주는 나만의 진한 향기 나는 흔적을 톡톡 더해주는 것이 아닐까?

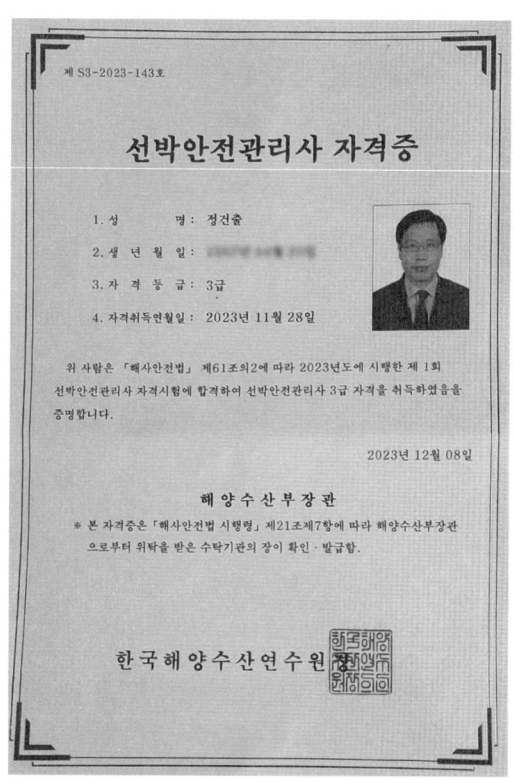

선박안전관리사 자격증

가슴 뛰는 삶

"부장님, 혹시 사우디아라비아에서 일해 볼 생각 없으세요?"

2017년 2월 서울 사무소에서 바쁜 나날을 보내던 어느 날, 예전 설계실에서 같이 근무했던 후배에게서 뜬금없는 메시지가 날아왔다. 회사에서 20여 년을 근무한 나에게도 새로운 일에 대한 설렘이 남아 있다는 사실에 놀라기도 잠시, 전임 결정이 일사천리로 진행됐다. 그렇게 나는 사우디에 새로운 조선소를 건설하는 프로젝트팀에 합류하게 됐다. 나의 다양한 경험을 신규 조선소 건설에 접목시킨다고 생각하니, 하얀 종이 위에 원하는 그림을 마음대로 그릴 수 있겠다는 기대와 설렘이 가슴을 고동치게 했다. 울산에서 5개월 정도의 준비를 마치고, 2017년 8월 중순 사우디아라비아 '담맘'이라는 도시에 첫발을 내디뎠다. 그 순간, 말로만 듣던 '열사의 땅'을 체감할 수 있을 정도의 더위와 습기가 온몸을 휘감았다.

프로젝트가 시작된 후 점점 팀 인원이 늘어나기는 했지만 제조업에 전혀 경험이 없는 아람코 출신 경영진의 무리한 계획 수립과 사우디 정부의 취약한 예산 지원으로 인하여 조선소 건설 일정이 계속 지연됐다. 이로 인하여 나와 같은 설렘을 가지고 온 일부 팀원들이 제대로 능력을 펼칠 새도 없이 자의 또는 타의로 복귀하는 상황이 발생했다. 초기 계획대로였다면 첫 초대형 원유운반선(VLCC) 설계가 2019년 진행되어야 했지만, 조선소 부분 완공일이 근 2년여 연기된다는 내부 일정이 알려지면서, 현지 동료들은 크게 실망했고 불투명한 미래에 대한 불안은 점점 커져만 갔다.

현지 파견 전에 읽었던 사우디아라비아를 소개하는 책 내용이 맞았다. 책에는 사우디에서 정부 프로젝트 관리 감독 업무를 수행한 경험이 있는 외국인 프로젝트 매니저 300명을 대상으로 조사한 결과, 제때 종결하지 못한 프로젝트가 97%, 예산을 초과한 프로젝트가 80%였다고 한다. 더욱 충격적인 점은 이 프로젝트를 수행한 공무원들이 일을 지연시킨 것에 대한 잘못을 인식하지 못하고 막대한 국가적 손실을 걱정하지도 않는다는 것이다. 이런 문제들이 우리가 수행하는 프로젝트에도 현실로 나타난 것이다.

조선소 건설은 점점 지연되고 파견 나온 직원들이 복귀를 하는 예상치 못한 상황이 발생했기 때문에 우리는 뭔가를 해야만 했다. 지금 여전히 간직하고 있는 마음이기도 하고 입사 초기부터 받아온 최면과 같은 교훈이 도전이라는 단어다. 이 단어를 생각하면 언제나 가슴이 설렌다. '길을 모르면 길을 찾고 길이 없으면 길을 닦아야 된다'는 현대 정신으로 500원짜리 지폐와 도면 한 장 들고 첫 VLCC를 수주했고 열사의 땅 사우디 주베일 공사를 성공적으로 완공한 현대 출신 선배들의 전설은 항상 마음에 담겨 있어서 도전을 두려워하지 않는 근원이 되었다고 생각한다.

최초 합작사 설립 시 합의한 문서에는 사우디 국영 선사이자 합작사 일원인 바흐리사가 조선소 완공 6개월 전에 첫 선박을 발주한다고 명기돼 있다. 동료들과 다양한 방법을 강구한 끝에 선주사인 바흐리사가 초대형 원유 운반선(VLCC)을 사우디 합작사에 발주하고 사우디 합작사는 다시 현대중공업에 용역을 주어 배를 건조하자는 기발한 제안을 했고, 선주사로부터 긍정적인 반응을 확인했다. 이후 합작사 내 경영진을 설득하는 작업에 들어갔다. 처음에는 현대에서 부분 건조한 후 합작사에서 완공하는 방안부터 다양한 내용을 검토해 원가절감을 시도했지만, 합작사에 특별한 이득이 없다는 경영층의 결정에 따라 계획이 무산될 상황에 처했다. 그러나 건조 중 체계적인 교육을 통한 효율적인 노하우 전수, 현대중공업에서 설계한 성능이 검증된 도면을 합작사 건조 호선에 적용시 공기 지연 방지, 첫 호선에 적용된 우수한 국내 업체들의 현지화 등의 다양한 논리로 설득을 이어갔다. 그러던 중, 2019년 6월 사우디 왕세자의 한국 방문을 계기로 형성된 양국 간의 긴밀한 우호 관계가 더해지며, 역사적인 그리고 유래가 없는 VLCC 용역 계약 체결이라는 성과를 도출하게 됐다. 초대형 원유운반선(VLCC) 계약에 더해, 설계기술 판매 및 교육 사업 계약 체결이라는 성과까지 덤으로 얻을 수 있었다. '무에서 유를 창조한다'는 말을 피부로 느낄 수 있는 순간이었다.

계약 추진 시 절차 하나하나마다 복잡하고 까다로웠을 뿐만 아니라 관료적인 아람코 출신의 경영진을 설득하는 일은 마치 달걀로 바위를 치는 느낌이었다. 이 상황을 사우디 젊은 친구에게 이야기하니 '사막에서 우물 파기'라는 자기네 속담을 말하며, 스스로도 자기들의 단점도 알고 있고 이를 극복하려고 많은 변화를 도모하고 있다고 했다. 현재 사우디가 온 힘을 기울여 추진 중인 '비전 2030'이라는 국가 발전 프로젝트가 그에 해당한다. 실제로 사우디는 최근 급격한 변화를 거듭하고 있다. 2017년 사우디 첫 입국 시 2~4시간이나 소요되던 수속 시간이 2019년에는 20~30분으로 줄어들었고, 여성 운전이 허용되는가 하면, BTS 공연이 사우디 수도 리야드에서 성공적으로 개최되기까지 했다. 사우디가 얼마나 변화를 갈망하고 노력하는지 보여주는 단면이지만, 이란과의 관계 악화, 불규칙한 유가 등락 그리고 사우디 현지인의 보수성을 고려해 볼 때, 아직 갈 길이 멀어 보인다. 하지만 이렇게 열악한 환경 속에서도 힘든 프로젝트를 수행해 나갈 수 있었던 것은 새로운 일에 대한 가슴 떨림이 있어서 가능한 일이었고, 이 가슴 떨림의 가장 큰 동력은 미래에 대한 꿈과 비전이라 생각한다. 나에게는 사우디에서 '제2의 현대중공업 건설'이라는 큰 그림이 있었기 때문에 가슴 뛰는 삶을 유지할 수 있었고, 비록 마무리는 하지 못했지만 후임들에게 역할을 남겨두고 지금은 또 다른 분야에서 가슴 설레는 도전을 시작하고 있다.

사우디에서 복귀한 후 나에게는 여러 가지 선택의 기회가 있었다. 울산 본사에서 사우디 사업을 지원하는 업무, 선박 건조 전체 공정을 관리하는 프로젝트 매니저 업무 등은 예전에 경험했거나 유사한 업무들이었다. 이때, 평소 관심을 가지고 지켜봐 오던 친환경 선박 개조업무 사업 부문을 총괄하는 지인의 연락을 받고 회사를 옮기기로 결정하였다. 비록 계열사이기는 하지만 30여 년 근무하던 회사를 옮기는 게 쉬운 결정은 아니었지만 오랜 시간이 걸리지는 않았다. 이유는 간단했다. 가슴이 설레는 일을 할 수 있는 곳을 선택한 것이다. 새롭게 옮긴 회사는 선박 서비스 시장의 가능성에 주목하며 2016년 출범한 젊은 회사다. 근래에 친환경 선박 개조 사업이라는 새로운 분야에 진출하여 성과를 만들어 나가는 신생 회사로, 직원들은 젊고 분위기도 새로운 회사였다. 자율 좌석제며 탄력 근무제가 시행되고 사장님부터 임원들까지 청바지에 운동화 차림으로 사무실을 오가는 모습은 30여 년 동안 고정화된 좌석과 시간에 익숙한 몸과 마음을 바쁘게 만들었다. 하지만 나도 용기를 내서 청바지도 입어보고 아들의 옷장에서 젊음의 냄새가 풀풀 풍기는 카디건도 빌려 입고 출근을 하면서 변화에 적응하는 데 힘썼다. 새롭게 출범한 회사다 보니 같이 근무하는 직원들의 출신도 각양각색이었다. 다양한 경력을 가진 직원들이 모여서 근무하는데도 '형님, 동생'하며 자유롭고 편안한 분위기 속에서 근무한다. 나도 형님이라고 불러 달라고 해봤는데 아직 불편하단다. 적응에 조금 더 시간이 필요한 거겠지 하면서 스스로 위로도 해본다.

　　내가 마음 설레면서 새롭게 선택한 곳은 HD현대마린솔루션이라는 회사의 '친환경솔루션' 부문이다. 국제적으로 환경문제를 해결하기 위하여 다양한 분야에서 다각적인 대안을 강구 중이다. 이와 관련하여, 선박 신조 시장에서도 엄격한 국

제법규 제정에 대응하기 위하여 '에너지 저감 장치' 개발을 비롯하여 친환경 엔진 개발 등의 노력을 하고 있다. 이러한 시도들은 이미 건조되어 운항하고 있는 기존 운항선에서도 다르지 않다. 오히려, 기존 운항선에서 법적 규제를 만족시키는 것은 더욱 힘든 과정이 될 것으로 예상된다. 선박마다 사양과 개선해야 할 탄소량이 다르고 적용 가능한 해법도 다양하다.

우리 회사는 이런 상황을 몇 년 전부터 예측하고 '친환경 솔루션' 부문을 새롭게 구성하여 사업을 준비해 오고 있었다. 내가 참여한 후 그 노력의 첫 결실인 기존 액화운반선(LNG)에 '재액화장치 개조사업 계약'이라는 결실을 얻어서 나는 또 한 번 가슴 뛰는 마음으로 새로운 프로젝트에 몰두하고 있다. 그린란드의 빙하가 20년 전보다 5배 빠른 속도로 녹고 있다는 연구 결과가 나왔다. 지구온난화로 인하여 현재 전 세계가 유례없이 많은 자연재해가 발생하고 있다. 인류문명이 직면한 최대 위협이라고도 한다. 이러한 위협에 대응할 수 있는 친환경사업의 선봉에 서서 가치를 증명해 나가는 회사에 몸 담고 있음이 자랑스럽고, 이런 결정을 한 나 자신이 대견스럽다.

사람들이 새로운 일을 시작할 때나 바라던 기회를 만나면 가슴이 설렌다. 그 기회를 놓치지 않고 잘 다듬고 발전시켜 나가는 것이 행복한 삶의 척도가 되지 않을까 생각한다. 해보고 싶었던 일을 할 기회를 만날 때나 예기치 못한 새로운 기회를 맞이 했을 때 사람들은 마음이 설렌다. 하지만 준비되지 않은 사람에게는 이런 기회도 두려움으로 움츠러들게 만들기도 한다. 인생을 이런 희망찬 가슴 설렘으로 가득 채우기 위해서는 많은 꿈을 가져야 하고 꾸준히 준비해야 한다.

이를 잘 실천할 수 있는 방법 중 하나는 버킷 리스트를 적을 수 있는 이쁜 수첩을 준비하는 일이다. 캘리포니아 도미니칸대학교의 심리학 교수 게일 매튜스 박사의 연구에 따르면 목표를 글로 써놓으면 그 목표를 성취할 가능성이 42% 더 높아진다고 한다. 얼핏 생각하면 아주 기본적인 일처럼 보이지만 여전히 대다수의 사람들은 자신에게 가장 중요한 바람을 글로 적어 놓지 않는다. 이 연구만이 아니더라도 자신의 꿈을 글로 적어두는 일은 꿈을 현실로 만들 수 있는 핵심 키워드 중의 하나다. 요즘같이 몰입에 방해가 되는 일들이 많이 발생하고 다양한 업무를 감당해야 하는 시대에는 해야 할 중요한 일들을 글로 적어 놓는 것이야말로 집중력을 잃지 않고 제대로 일을 마무리할 수 있는 최선의 방법이다. 자신의 꿈을 글로 적어 놓으면 더 많은 가슴 뛰는 기회를 누릴 수 있을 것이다. 꿈을 최대한 많이 꾸고 그 꿈들을 이쁜 수첩에 적은 후 하나씩 지워 나가는 가슴 설렘 가득한 인생을 살아가는 분들이 많았으면 좋겠다.

기본으로 돌아가기

몇 해 전 많은 선후배들이 명예퇴직을 했다. 갑자기 불어닥친 조선업의 불황으로 회사는 몇 회에 걸쳐 명예퇴직 신청을 접수했고 오랜 기간 동고동락 해 왔던 많은 동료가 회사를 떠났다. 그렇게 떠난 동료들의 새로운 인생 방향은 다양했다. 오랫동안 걸어온 조선 관련 업무를 계속하는 분, 전혀 다른 분야 공부를 시작하여 새로운 업종으로 전환하신 분, 임대업이나 귀농을 선택하시는 분을 비롯하여 각자 새로운 제2의 인생을 선택하는 경우를 지켜볼 수 있었다. 백세시대를 앞둔 우리의 삶을 생각하면 50대에 명예퇴직을 하더라도 최소한 10년에서 20년 정도까지는 사회활동을 더 해야 한다.

50대에 접어들고 보면 주변의 여러 가지 상황들이 사뭇 달라짐을 느낄 수 있다. 어려움을 극복하면서 차곡차곡 쌓아왔던 경험이 나의 능력이고 내공이라 여겨 왔지만 문득 아무 것도 아닐 수 있다는 생각이 든다. 그동안 열심히 공부하고 노력했던 지식이 쓸모없어진 듯한 느낌이다. 지금 서 있는 이 자리가 어느덧 인생의 정점이라고 느끼는 순간 이곳까지 도달했다는 성취감 보다는 아래로 내려가야 한다는 불안감에 휩싸인다. 오랫동안 생활하면서 익숙해진 환경과 행동으로 인하여 주위에서 그렇고 그런 선배 중의 한 명으로 치부되는 것은 아닌가 하는 불안감과 허탈함을 느끼는 경우도 있다. 2017년 사우디로 파견 나가 5년여 동안 사우디 내 조선소 건설을 위하여 노력하고 나름 기여도 해오던 어느 날 나 또한 유사한 상황에 맞닥뜨리게 되었다.

58세부터 시행하던 임금 피크 제도를 갑자기 56세로 변경하면서 55세 9월까지 본사로 복귀하라는 지침이 내려왔다. 사우디 조선소 관계자며 현지 소장도 계속 근무하기를 원했고 본사에 잔류 요청도 해보았지만, 본사의 인사부에서는 허락하지 않았다. 결국 55세 9월 말부로 복귀하였고 오랫동안의 파견자들에게 주어지는 복귀 휴가를 보내면서 스스로 제2의 인생에 대해 고민할 시간이 내게도 찾아왔다. 이미, 기존 기본설계부로부터 파견이 아니라 전임을 한 상태였고 내가 근무하던 기술영업 부문의 PM 역할은 젊은 후배들로 채워져 있었으며 나 자신도 다시 그 자리로 돌아갈 마음은 없었다. 울산 현장에

갈만한 자리를 찾든지 회사를 그만두고 새로운 직장을 알아봐야 하는 상황이 나에게도 닥친 것이었다. 다행히 회사에서는 새롭게 살아나는 조선 시황 덕분에 인력이 부족한 상황이었고, 사우디 사업을 지원하는 부서며 새롭게 창립한 친환경 개조사업을 하는 계열사 등 몇 군데에서 같이 일하자는 요청을 받았다. 이렇게 갑작스럽게 찾아온 상황에서 만난 보석같은 문장이 있다.

> 내 나이 예순, 한 갑자를 다시 만난 시간을 견뎠다. 나의 삶은 모두 그르침에 대한 뉘우침으로 지낸 세월이었다. 이제 지난날을 거두어 정리하고, 다시 시작하고자 한다. 이제부터 빈틈없이 나를 닦고 실천하며 내게 주어진 삶을 다시 나아가고자 한다.   -다산 정약용 「자찬묘지명」

『다산의 마지막 습관』이라는 저서에 보면 정약용의 귀향 후 처지와 어려운 상황을 극복하고자 하는 마음가짐이 매우 잘 설명되어 있다.

누구나 자신의 삶을 돌아보는 순간이 찾아온다. 귀양살이를 마치고 집으로 돌아온 정약용 또한 그러했다. 그는 한순간에 모든 것을 잃고 추락했고, 세상 모두가 자신에게 등을 돌렸음을 절감했다. 20년에 가까운 세월 동안 유폐되면서 학문은 더욱 깊어졌지만, 그것을 알릴 기회도 끊겼고, 전해 줄 제자도 구하지 못했다. 자신의 묘지명마저 스스로 써야 할 처지가 되었을 정도로 그는 완전하게 삶의 바닥으로 내려왔다. 그러나 정약용은 실망하지 않았다. 후회와 미련으로 가득한 삶을 부정하지 않고 기꺼이 끌어안았고, 평생을 공부에 바쳐 도달한 경지에 안주하지 않고 그 너머로 나아가기 위해 육십 년 동안 쌓은 학문을 기꺼이 내려놓았다. 다시 채우기 위해 한 갑자의 내공을 비운 것이다. 이미 인생의 바닥을 경험한 정약용이 두려워한 바는 다시 추락하는 것이 아니라, 정체된 채로 늙어가는 것이었다. 그는 삶이 다 하는 순간까지 자신이 멈추지 않고 계속 성장하기를 바랐기에 환갑에 이르러서 이제부터야말로 공부의 시작이라고 말할 수 있었다. … 긴 유배 생활을 마친 예순의 정약용이 수신의 책으로 『소학』을 선택했다고 한다. 그 까닭은 삶을 살아가는 모든 지혜가 어릴 때 배운 '기본'에 있음을 깨달았기 때문이다. 고난 끝에 찾아온 그의 뉘우침은 또 다른 역경의 시대를 살고 있는 우리에게 진한 울림을 전한다. 다시 나아가는 힘은 기본에서 비롯된다는 다산의 가르침을 깊이 되새겨본다.

누구나 쉽게 말은 하지만 실천하기가 어려운 것 중의 하나가 '기본으로 돌아가기'이다. 새로운 인생을 준비하는 여러 동료 중 대부분은 준비되지 않은 상태에서 눈앞에 주어진 쉬운 삶을 선택하는 경우를 많이 보았다. 혹자는 퇴직 전 충분한 준비를 했거나 어떤 동료는 퇴직 후 일 년 동안 꾸준히 새로운 분야에 대한 공부와 노력을 아끼지 않았다. 어떤 삶이 궁극적으로 옳은지는 두고 봐야 하지만 철저한 준비를 통하여 새로운 분야로의 도전이 보다 기본에 충실한 결정이라는 것은 누구나 동의한다.

기본으로 돌아가기를 실천한다는 것은 오랫동안 몸에 익은 습관이나 태도를 털어버리고 새롭게 거듭나는 것이다. 복잡하게 얽힌 삶의 굴레를 과감하게 털어내야만 기본으로 돌아갈 수 있는 것이다. 이 글을 통하여, 나는 중요한 가치를 생각하였고 쉽고 편한 일보다 처음은 조금 힘들더라고 기본을 다지면서 차근차근 다양한 경험을 습득할 수 있는 곳을 선택하기로 결심하게 되었다. 결론적으로 미래 지향적인 사업을 추구하는 친환경 솔루션 개조 사업을 새롭게 시작한 계열사로 전적하였고 옮긴 회사에서도 처음 시행하는 총괄 PM이라는 역할을 담당하며 나의 미래와 회사의 미래를 개척하기 위하여 노력하고 있다. 현재 새로운 위치에서 가장 집중하는 일은 기본을 정립하는 것이다. 이 새로운 목표인 '기본으로 돌아가기'

를 성취하기 위하여 스스로가 고민하고 노력하며 찾은 몇 가지 쉬운 실천 방법들을 정리해 보았고 꾸준히 실천 중이다.

주변 단순화하기

우선 세상을 바꾸고 싶으면 책상부터 정리해야 한다. 더하여 방이나 사무실 등 주변을 말끔히 정리 정돈하여 에너지를 집중할 수 있도록 만들어야 한다. 주위를 둘러보고 1년 이상 사용한 적이 없는 물건이나 필요 없는 물건들을 과감히 치워 버리자. 빈 공간만큼 내 마음에 새로운 시작을 할 수 있는 여유 공간이 생길 것이다. 내가 버리는 쓸모없는 물건들이 마음속에 쌓여 있는 불안과 나태라 생각하고 과감하게 던져버리다 보면 나의 주변과 마음이 말끔해짐을 느낄 수 있다.

가까운 곳에서부터 출발하기

굳이 먼 곳을 바라볼 필요가 없다. 가장 가까운 사이부터 챙기고 진심을 다해 보자. 가장 가까운 사이가 바로 자신이다. 스스로를 존중할 줄 알아야 남도 존중할 수 있고 한 발 나아갈 수가 있다. 굳이 한 번에 가득 채우려고 욕심낼 필요가 없다. 비워진 틈부터 조금씩 메워 나가면 된다. 장기적인 계획보다 우선 쉽게 이룰 수 있는 간단하고 쉬운 목표부터 세워서 실천하고 그것을 통해서 성취감을 느끼다 보면 점점 자신감도 생긴다. 누구나 처음부터 잘 할 수는 없다. 어린시절부터 많은 실수를 경험하며 성장해왔던 것처럼 첫발은 소박하더라도 포기하지 않고 걷다 보면 큰 발자취를 남기는 경험을 할 수 있을 것이다.

나만의 기준 만들기

새로운 목표가 생기고 하나하나 실천해 나가다 보면 항상 변수가 생기기도 하고 나태해지기도 한다. 이런 예상치 못한 상황을 대비하고 계획한 목표로 나아가기 위해서는 기준을 정한 후 행동으로 옮겨서 습관이 될 때까지 지속해야 한다. 아주 사소한 항목부터 꾸준히 실천할 수 있는 규칙을 정하여 행동하고 점검해 나가야 한다.

『습관의 완성』에 보면, 3일의 실천은 작심삼일의 유혹을 넘기는 시간, 21일의 실천은 뇌가 습관을 인식하는 데 필요한 시간, 66일의 실천은 몸이 습관을 기억하는 데 필요한 시간 그리고 90일의 실천은 죽음의 계곡을 넘어서는 데 필요한 최소한의 시간이라고 설명하고 있다. 자신의 목표와 목표를 달성하기 위한 원칙을 정하여 완전하게 습관화되도록 해야 한다. 실천하기 쉬운 목표를 엄선하여 '매일, 조금씩, 올바르게' 실천해 보자. 글로 표현해서 눈에 잘 띄는 곳에 붙여 놓으면 훨씬 성취율을 높일 수 있다.

기본으로 돌아가기

다산 정약용 선생이 실천하셨듯이 '기본으로 돌아가기'는 세컨드 라이프를 준비하는 사람들뿐 아니라 인생을 살아가는 모든 이들에게 너무나 중요한 행동 양식이다. 나는 누구인지? 나는 어디로 가고 있는지? 어떻게 살아가야 할 것인지? 의문이 들거나 새로운 길로 나아가려고 할 때 가장 먼저 생각하고 실천해야 할 행동 양식이 바로 '기본으로 돌아가기'이다.

순자는 '천리마는 하루에 천리를 간다. 조랑말도 열흘이면 천리를 간다. 문제는 어디로 가느냐가 문제다. 가는 곳을 알면 조랑말이 빠를 수 있다'라고 말했다. 남보다 빠르게 멋지게 일을 하는 것도 중요하지만, 기본에 충실하고 가야 할 방향만 정확하다면 비록 출발이 늦거나 걸음이 느리더라도 훌륭하게 목표 지점에 도달할 수 있다.

반복적인 삶의 굴레를 과감하게 털어내고 새롭게 거듭난 삶을 살고 싶다면 기본으로 돌아가기를 실천해 보자.

스스로를 모티베이팅하라

사우디아라비아 생활은 무미건조하고 단조로웠다. 회사와 컴파운드 그리고 마트에서 장보기 말고는 특별한 소일거리가 없었기 때문이다. 특히 철조망으로 둘러싸인 컴파운드에서의 생활은 삭막하기까지 했다. 술과 돼지고기도 금지되고 더운 날씨 때문에 근무시간도 아침 7시 출근해서 오후 4시에 퇴근을 하다 보니 명목상 저녁이 있는 삶은 영위할 수는 있었지만, 저녁 시간을 알차게 보낼 거리는 없었다. 처음 사우디아라비아의 담맘 공항에 도착한 날이 8월이었고 기온이 40~50도를 오르내리는 습하디 습한 2017년 여름날 밤이었다. 그렇게 덥고 습한 그리고 삭막한 환경 속에서의 관심사는 '얼마나 잘 생활하느냐'보다 '어떻게든 살아남아야 한다'는 절실함이었다.

하지만 1년 후 사우디아라비아라는 낯선 땅에서 적응하

고 나니 뭔가 의미 있는 일을 해야겠다는 생각이 들기 시작했다. 그래서 생각한 것이 '흔적 남기기'를 연장해서 적용하는 것이었다. 본사에 근무할 동안 프로젝트 매니저 역할을 4년 정도 수행했고 현지에 와서도 유사한 업무를 하고 있었기 때문에 미국 PMI에서 주관하는 PMP 자격증이나 CAPM 자격증 취득에 도전하기로 했다. 최종적으로 2019년도가 끝나기 전에 CAPM 자격증을 취득하는 데 성공했다. 사실 이 자격증이 인생 후반을 위해서 꼭 필요하지는 않았지만 꾸준한 발전을 위해 스스로에게 동기 유발이 필요했다는 것이 핵심이다.

나의 숙소는 동료들이 많이 왕래하는 길가에 위치해 있었다. 밤마다 자격증 공부할 때면 일부러 창문을 활짝 열어젖혔다. 남들이 본다고 생각하면 딴짓을 안 할 수 있겠다는 마음과 함께 근무하는 동료들에게 나의 공부하는 모습을 보여주기 위한 목적도 있었다. 기회가 있을 때마다 스스로 노력하고 있는 모습을 동료들에게 보여줌으로써 동료들에게 자극도 주고 스스로도 지치지 않게 하기 위함이었다. 이렇게 살아오면서 자기계발을 꾸준히 실현함과 동시에 동료들에게도 긍정의 메시지를 공유하고자 노력하였다.

기술사 자격증을 따고 현업부서로 돌아왔을 때도 처음으로 한 행동이 후배들과 함께 기술사 자격증 스터디 그룹을 만들어 공부를 시작한 것이었고, 사우디에서도 조선업 기초 지식도 없는 사우디 동료와 후배들을 모아 조선공학 기초부터 교육하여 지식을 공유하고자 노력하였다. 브라질에서 나비가 날개짓을 하면 텍사스에서 토네이도가 일어난다는 나비 효과처럼 나의 작은 노력과 자극이 주위 동료들에게 조그마한 영향이라도 미쳐서 예상하지 못한 엄청난 결과로 이어질 수도 있다는 기대를 항상 가지고 있다. 내가 이 책을 쓰게 된 이유도 이 책을 읽는 많은 분들이 주위 사람들에게 좋은 영향을 미치는 그리고 스스로에게 자신감을 불러일으키는 모티베이터 역할을 했으면 하는 기대 때문이었다. 위인들의 행동은 몇 세기가 지나도 많은 사람에게 영감을 주고 교훈을 준다. 하지만 우리처럼 평범한 사람들이 대대손손 후세에까지 영향을 미치는 모티베이터가 되기는 힘들다. 하지만 나의 열정과 노력이 주위 사람들의 열정에 조그마한 불씨라도 지펴 줄 수 있다면 이런 열정들이 모여서 토네이도 같은 큰 영향을 기대할 수 있으리라 믿는다.

보통 모티베이터라고 하면 주위 사람들에게 활력을 불러일으키거나 열정에 불을 지펴 그들이 새로운 자신감을 가질 수 있도록 도와주는 사람이라고 생각한다. 어떤 사람이 훌륭한 모티베이터가 될 수 있을까? 스스로를 모티베이팅 할 수 있는 능력이 뛰어난 사람이 진정한 모티베이터가 될 수 있다고 생각한다. 누군가가 쓴 책, 강연, 조언, 대화 그리고 누군가의 행동을 보면서 새로운 것을 느끼고 동기가 유발된다. 다양한 경로 중에 감동을 받을 수 있는 방법은 가까이에 있는 평범한 사람, 나도 쉽게 따라 할 수 있는 사람의 행동과 말이 가장 큰 감동을 주고 실질적으로 행동으로 옮길 수 있게 해준다. 즉, 본인 스스로를 모티베이팅 하는 모습만으로도 주위 누군가에게는 좋은 삶의 모티베이터가 될 수 있다. 바른 가르침을 논리적으로 아무리 잘 설명해도 받아들이는 사람에게 감명을 줄 수 없다면 제대로 된 모티베이터라고 할 수 없다. 주위에 출간된 자기계발서를 봐도 그 사람의 행동 자체가 존경스럽고 본받고 싶다는 생각이 들어야 독자에게 영향을 줄 수 있는 것이다.

『모티베이터』라는 책에 나오는 저자는 젊었을 때 군에서 한쪽 손을 다치고서도 골프도 치고 마케팅 분야에서 대한민국 최고의 권위자가 된 분이다. 저자는 책을 통해 많은 독자들에게 인생에 있어서 성공의 길잡이가 되어주고, 힘들어서 포기하고 싶고 인생이 재미없는 사람들에게 에너지 넘치는 자신감을 회복시켜 주는 계기가 되기를 희망한다고 이야기하고 있다. 학문적으로 전문적인 이론을 나열한 것은 아니지만 저자 스스로를 모티베이팅 하면서 가열차게 살아왔던 길들을 열정적으로 설명함으로써 많은 독자에게 긍정적인 자극을 준다.

새롭게 옮긴 회사에는 젊은 직원이 많다. 팀장급이 40대 초반이고 창립한 지 5~6년밖에 안 된 회사이다 보니 다양한 경험을 가진 경력직 직원들이 모여서 친환경 선박 개조 사업을 개척하는 중이다. 새로운 사업을 개척하다 보니, 월등한 실력이 있는 사람도 없고 경험이 많은 사람도 많지 않다. 새로운 일이 수시로 발생하고 해보지 않은 일에 결론을 내려야 하는 일이 계속 발생한다. 경험이 부족하다 보니 시스템도 안정되어 있지 않고 비슷한 일들을 중복해서 처리해야 하는 일들이 발생하다 보니 시간이 흐를수록 조금씩 지쳐간다는 느낌도 들었다. 이런 조직에서는 경험을 강조하며 동기 부여만으로 성과를 기대하기는 힘들다. 함께 참여하고 선배로서 스스로 변화하고 행동하는 모습을 보여주는 것만큼 좋은 모티베이션이 없다고 생각한다. 임금 피크 제도 대상자가 되면 매년 10%씩 임금이 줄어든다. 그렇다 보니 많은 선배는 매년 10%씩 업무를 소홀히 하거나 편하게 근무하려는 모양새를 보여왔다. 후배들은 그런 모습을 보며 뒤에서 수군거리고 배척하는 일들이 허다했다. 전년 대비 연봉은 줄었을지 모르지만, 후배직원과 비교하면 여전히 연봉이 많은 경우가 일반적이다.

회사에서 적응을 마치고 제일 먼저 시도한 것이 새로운 자격증 취득에 도전하는 것이었다. 2023년에 첫 시행한 선박안전관리사 자격증 취득을 위한 공부를 시작했다. 사우디아라비아 근무 중 아람코 출신 오일 메이저회사 출신들이 얼마나 안전에 진심인지 느낀 경험과 국내에서도 중대재해처벌법으로 안전을 더욱 강화하는 상황임을 알고 있었다. 이는 국내에서도 2024년부터 기존 해기사 출신들이면 취업이 가능했던 선박 관련 안전관리업무를 선박안전관리사 자격을 취득한 사람만이 수행토록 법을 개정한 것으로도 보여진다. 이 또한 취업을 위한다기보다 스스로 지치지 않는 삶을 위한 동기 부여 노력의 하나였다. 2024년이 되기 전 합격하였고 주위 동료 직원들에게 열심히 자랑하고 다닌다. 임금 피크 대상자가 된 나도 새로운 환경에서 바쁜 와중에도 이렇게 스스로 발전을 위하여 동기 부여와 계발 노력을 보여주고자 한다. 나 자신뿐 아니라 주위 동료들에게 자기계발에 대한 영감을 주고자 한다. 『모티베이터』에 나오는 문장이 나에게 많은 영감을 주었다.

가끔 뉴스를 통해 겨울에 동사하는 사람들을 본다. 움직여야 산다. 춥다고 움츠린 채로 졸면 동사로 죽을 수 있다. 나는 긍정의 자세로 나 자신을 스스로 모티베이팅하기 시작했다.
'Never give up!'
세상은 참 묘하다. 세상을 겁내지 않고 돌진하면 일이 순조롭게 풀린다는 것을 다시 한번 크게 배웠다. 내가 가장 즐길 수 있는 것을 선택하자.

'생각하고 난 후 뛰면 늦는다. 뛰면서 생각해야 한다.'

인생도 목표가 있어야 제대로 반듯하게 살 수 있다.

이 책을 통해서 스스로를 모티베이팅 할 수 있는 능력이 얼마나 중요한지를 깨닫게 되었다. 노력도 가치가 있지만, 이런 노력을 주위에 보여줌으로써 주위 동료에게 영향을 주는 노력도 때론 큰 성취감을 느끼는 계기가 된다. 나의 모티베이팅하는 모습으로 주위 동료가 영감을 얻고 실제 행동으로 옮기고 뭔가를 성취하는 경험이 있다면 이런 노력이 얼마나 행복한지 알 것이다.

누군가의 모티베이터, 그리고 누군가의 인생 멘토가 되고 싶다면 우선 스스로를 끊임없이 모티베이팅 하는 노력을 멈춰서는 안 된다.

> 멈추지 않는 이상, 얼마나 천천히 가는지는 문제가 되지 않는다.
> – 공자

물꼬 틔우기

농부는 해야 할 일들이 참 많다. 파종하기, 모심기, 김매기, 추수하기 등 하나하나 중요하지 않은 일이 없다. 그중에 빠트릴 수 없는 일이 모내기를 한 후 동틀녘에 한 번 해질녘 한 번 삽을 들고 논 주위를 한 바퀴 둘러보면서 논두렁마다 내놓은 물꼬를 통해 물이 잘 들어가는지 살피는 일이다. 특히 장마나 태풍이 올 때면 미리 물꼬를 터서 물이 잘 빠지게 대비하는 일은 중요하다. 제대로 물꼬를 터주지 않으면 그동안 해왔던 노력이 모두 수포로 돌아가기도 하기 때문이다. 평소에도 적당한 물이 논에 차 있는지 살피다가 한시라도 문제가 있으면 삽으로 물꼬를 터줘야 좋은 결실을 얻을 수 있다.

좋은 멘토가 되기 위해서는 이런 물꼬 틔우기 노력이 필요하다. 최대한 스스로 업무를 차고 나갈 수 있도록 믿고 맡겨두는 것이 본인을 위해서나 조직을 위해서 최고의 방법이다. 하지만 멘티가 어려움에 처해 있을 때 살짝 물꼬를 터줄 수만 있다면 일은 훨씬 원활하게 진행된다.

선박 건조가 마무리되면 시운전을 나간다. 각종 장비가 잘 구동하는지 선박의 속도는 계약 조건에 맞게 나오는지, 진동과 소음에는 문제가 없는지 등 선박 성능에 대한 검사를 한다. 시운전 출항하기 전날 또 하나의 중요한 테스트가 중경사 시험이다. 선박의 중량과 무게 중심을 계측하는 테스트이다. 예전 세월호에서 문제가 된 복원성 계산을 위한 기본 제원을 실측하는 작업이고 해상 법규에서 요구하는 강제 규정이기 때문에 모든 선박에 대하여 실시해야 한다. 대신 설계가 동일하다면 첫 호선만 중사 시험(선박의 무게와 길이방향 무게중심 계측)과 경사 시험(선박의 높이방향 무게중심)을 모두 수행하고 후속선은 중사시험만 실시해도 된다는 면제 규정이 있다.(시험 결과가 첫 호선 대비 허용치 안에 들어와야 된다는 조건 내에서 면제) 저울도 없이 어떻게 선박의 중량을 계측하는지 상당히 의아하겠지만 의외로 단순한 방법으로 계측이 가능하다.

우선 선박의 형상을 3D로 모델링하여 선박의 높이별 부피를 계산한 후 계측된 선박의 위치에서의 부피에 해수의 비중을 곱하면 현재 바다 위에 떠 있는 배의 중량(배수중량, Displacement)이 계산된다. 이 배수중량에 순수한 선박의 무게가 아닌 평형수, 연료, 부식 등 불필요한 중량을 빼고 아직 설치되지 않는 일부 부품의 중량을 더하면 선박의 고유한 중량(경하중량, Lightweight)이 계산된다. 중경사 시험 특성상 정도를 높여야 하기 때문에 선박의 건조가 거의 마무리되는 시운전이 임박한 시점에 수행을 해왔다.

그런데 예전 같은 과에 근무하던 J후배가 획기적인 제안을 했다. 이 중사 시험을 선박의 진수 시점에 수행하자는 것이다. 진수란 Dry Dock에서 배를 건조한 후 해수를 유입시켜 배를 띄운 후 해상으로 끌어내는 중요한 과정이다. 이렇게 한다면 해상 상태도 조용하고 시운전에 필요한 각종 준비하는 동안 시간도 벌 수 있을 뿐만 아니라 진수 시 많은 작업을 미리 마무리할 수 있는 장점이 있었다. 대신 선주/선급의 허락을 사전에 받아야 하고 현장에서 미리 작업을 마무리 해줘야 하는데 현장의 협조가 쉬운 일이 아니었다. 회사에서 운영하는 Junior Board 과정의 개선 활동으로 등재하여 첫 번째 시도를 해보았다. 결과는 도출했지만 현장의 엄청난 저항과 준비 부족으로 투입된 노력과 시간 그리고 현장의 불만, 선주의 허락을 구하는 데 어려움이 많아 다시 시도하기에는 엄청난 부담이 되는 상황이었다. 특히, 시범호선의 경우 회사에서 가장 큰 Dry Dock에서 진수를 하는 바람에 세척의 전진수 그리고 세척의 부분진수를 동시에 실시하다 보니 작업자 간 혼선까지 겹쳐 더욱 힘든 상황이 발생했다. 경영진에게까지 보고한 개선 활동이라 두 번째 적용할 선박을 물색해 보았지만 어떤 설계 담당자도 선뜻 나서는 사람이 없었다.

첫 번째 도전에는 직접 관여하지 않았지만 계속 관심 있게 지켜보던 중이었고 이 개선을 제대로 적용하려면 단독으로 진수하는 Dry Dock에서 유조선 등 작업이 상대적으로 빨리 마무리되는 호선에 적용하는 것이 적합해 보였다. 마침 내가 담당하고 있던 선박이 초대형 유조선이었고 동일한 설계를 적용하는 Series 호선이 많은 프로젝트였다. Dry Dock도 초대형 유조선 전용 Dock이라 시도해 볼 만하다는 생각이 들었다. 선주를 만나서 설득을 한 후 J후배와 개선 적용 방향 의견을 통일한 후 현장 부서와의 협의를 진행했다. 마침 담당 임원도 개선 효과에 대한 공감을 표시했고 일사천리로 중사 시험을 마무리할 수 있었다.

이 개선 활동은 사내 우수 개선 사례로 선정되어 전체 임원들 앞에서 발표도 하고 사내 TV에 방송되었을 뿐 아니라 특허까지 출원하여 회사의 생산성 향상에 기여하였다. 아무리 좋은 아이디어라도 실제로 추진하다 보면 제대로 진행이 안 되어 막막한 순간들이 있기 마련이다. 이때 주위에서 관심을 가지고 지켜보다가 살짝 물꼬만 터줘도 일사천리로 일이 진행되는 경우가 많다. 이후 이 후배는 회사에서 선정하는 핵심 인재로 선발되었고 설계실을 떠나 현장 부서로 옮겨서 큰 뜻을 펼칠 수 있게 되었다.

하지만 이런 물꼬 틔우기 노력이 효과를 발휘하지 못할 때도 있었던 것 같다. 기본설계실에서 직책과장을 맡고 있을 때 당시 연구소에서 파견 나와 같이 근무하던 N후배의 일이다. 석사 학위까지 보유하고 영어 실력도 뛰어났으며 해양 사업에 상당한 지식을 보유한 열정적인 직원이었다. 당시 회사에서 정책적으로 연구소에 근무하는 연구원을 현업에 파견시켜 실무를 이해하는 기회를 부여하는 정책을 펼치고 있었다. 단순한 교육이나 잡무를 시키고 싶지 않아 계약 호선의 기본설계 업무에 대한 실무에 투입하여 직접 현업에 부딪칠 기회를 줘서 제대로된 설계업무 경험을 쌓도록 하였다. 본인도 의욕을 가지고 업무에 임했으므로 최대한 도움을 주려고 노력했지만 간단한 일은 아니었다. 도면에 대한 선주, 선급의 코멘트에 대한 기술적인 회신안을 기안했는데 장황한 영문 Letter를 적어왔는데 핵심적인 결론이 빠진 경우가 있었다. 연구소에서 작성하던 결과물과 실무의 차이라고 생각했다. 요목조목 대응 방안 설명과 수정 사항에 대한 지시를 하는 상황이 계속되다 보니 점점 사이가 어색해지는 상황이 발생했다. 나는 나대로 연구소에서 일하던 방법이 아니라 실무적인 경험을 하기를 바랐고 본인은 노력에 대한 인정을 받지 못한다고 느꼈던 것 같다. 내가 직책을 맡기 전까지만 해도 수시로 차도 마시고 잡담도 나누던 사이였는데 어느 순간 직책자와 비직책자 사이로 벌어져 있었다. 관리자의 관심과 지적은 농부의 물꼬 틔우기와는 차이가 있음을 느끼는 순간이었다. 이 후배와는 결국 관계를 개선하지 못한 상태로 나는 과를 옮겼고 한동안 이런 관계를 개선하는 방법에 대하여 고민도 하고 새로운 시도도 많이 해보았다.

그 중 『혼.창.통』이라는 책으로 나름의 해결책을 찾았다. 저자가 세계 유수의 오피니언 리더와의 인터뷰를 통하여 얻은 깨달음을 옮긴 책이다. 대가들의 이야기에서 늘 일관되게 흐르는 공통된 메시지이자 그들의 성공과 성취의 비결에 나타나는 공통된 키워드가 바로 '혼', '창', '통'이다. 이 내용을 간략히 요약하면, 개인이든 조직이든 가슴 깊숙이 혼을 품고, 늘 새로워지려는 노력을 아끼지 말고, 마음과 마음이 하나로 연결되어 흐르는 통을 이루어 내라는 것이다.

'혼'은 인생의 나침반이자 시계이다. 혼이 있는 사람과 조직은 어떤 어려운 상황에서도 돌파하려는 모멘텀을 잃지 않는다. 그리고 혼이 있는 곳에서 비로소 노력과 근성이 싹튼다. 지속 가능성을 담보하는 최고의 수단, 어떤 상황에도 흔들리지 않고 관심을 유지하는 것이 리더십의 요체이자 '혼'의 정신이라고 이야기한다.

'창'은 의미 있는 것을 만들어 내는 일이다. 혼이 씨를 뿌리는 것이라면, 창은 거두는 것이다. 창은 실행이다. 꿈을 현실로 바꾸는 과정이다. 꿈은 인내하고 집중하고 세심한 주의를 기울일 때, 비로소 크리스마스 아침 머리맡에 놓인 선물처럼 찾아온다. 매우 역설적이게도 창은 루틴하기 짝이 없는 노력과 습관의 결정체이다. 창은 늘 새로워지려는 노력이다. 의미를 만들어내기 위해 우리는 늘 새로워지지 않으면 안 된다. 창은 익숙함을 뒤집어 새로움을 만드는 노력이다. 창도 혼이 있고서야 가능하다. 이루고자 하는 비전이 명확할 때, 지켜야 할 신념이 가슴속에 활활 타오를 때, 우리는 비로소 창을 위한 항해를 시작할 수 있다.

'통'은 혼을 통하는 것이다. 통하기 위해서는 첫째 상대를 이해하고 인정하며, 상대방의 말에 귀를 기울여야 하고 둘째 마음을 열고 서로의 차이를 존중해야 한다. 통이 각별히 중요한 이유는 시대의 변화가 너무 빠르기 때문이다. 조직이 너무 대형화되고 역할이 세분화된 것이 마음의 불안을 가져왔다. 이렇게 마음 둘 데가 없고, 마음 편할 리 없는 사회와 조직이 제대로 가능하기 위해서는 서로가 마음을 통하기 위한 의도적인 노력이 필요하다. 통을 위해 가장 중요한 것이 바로 '인정'이다. 우리가 가장 먼저 해야 할 것은 사람을 존중으로 대하는 것이다.

　이 책에서 '물꼬 틔우기'의 가장 중요한 요소를 발견할 수 있었다. 바로 '통'이다. 상대방을 인정하고 충분한 소통을 할 수 있어야 제대로 누군가의 멘토가 될 수 있다는 것이다. 리더들은 자기는 최선을 다하는 데 부하직원들이 마음을 몰라준다고 불평하는 경우를 가끔 봐왔다. 그 이유는 제대로 된 소통을 못 했기 때문이다. 새롭게 옮긴 회사는 창립한 지 얼마 되지 않은 회사이고 직원들도 젊다. 회사가 추구하는 사업 분야도 친환경솔루션 개조 사업으로 국내에서는 경쟁사가 별로 없는 신사업을 지향하는 회사다. 대부분의 경영층은 모회사인 현대 그룹 출신들이고 중간 관리자와 실무자는 경쟁사, 협력업체 출신 등 다양한 경력사원들로 구성되어 있다. 이렇게 다양한 구성원이 모여 새로운 사업을 영위하기 위해서는 리더의 명확한 목표 설정과 소통이 중요하다.

　요즘 입사한 MZ세대 신입사원들은 상사들과의 대화에서도 막힘이 없이 자신의 의견을 자신있게 피력한다. 이렇게 다양한 직원이 모여 있기에 상호 소통에 불만을 많이 토로한다. 서로 다른 방향을 보고 대화한다는 느낌, 보이지 않는 벽이 있다는 느낌을 많이 받게 된다. 시간이 있을 때마다 젊은 친구들에게는 경영층의 숨겨진 말의 의미와 사업의 방향을 어렵지 않은 말로 설명해 준다. 반면 업무적으로 후배들이 경영층에 쉽게 다가가지 못할 때 대신하여 보고하여 업무 방향을 단순화하도록 조율도 하다 보니 전적한 지 1년여 정도밖에 안 됐지만 신입사원들도 한 번씩 내 옆에 다가와 이런저런 이야기를 건네기도 한다.

다양한 문화가 공존하는 조직에서는 마음을 열어 서로의 차이를 받아들이고 상대에게 관심을 가지고 상대방을 진심으로 존중할 수 있을 때 진솔한 소통을 이끌어낼 수가 있다. 대화할 때는 상대방의 눈높이에 맞는 말로 대화하여야 한다. 상대방의 이야기를 최대한 주의 깊게 경청하면서 그 사람이 필요로 하는 것을 파악해야 물꼬를 틔울 수 있는 실마리를 찾아낼 수 있다. 그런 노력을 통하여 참 멘토가 될 수 있고, 참 멘토의 소양을 갖춘 후에야 누군가의 삶이나 업무에 어려움을 느낄 때 제대로 물꼬를 틔워 줄 수 있을 것이다.

소중한 관계는 보험이다

나는 월회비 5,000원짜리 모임이 많다. 이전 회사에는 개인적인 모임을 결성한 후 사내 새마을 금고에 신청하면 회비를 월급에서 자동으로 공제하는 제도가 있었다. 취미 동아리나 동문회 등 공식 모임은 월회비가 10,000원에서 20,000원이다. 하지만 개인적으로 만나는 지인들과는 가능하면 월회비 5,000원짜리 모임을 많이 유지하고자 했다. NAPA System 도입 때 만난 경쟁사 대표들과의 모임, 기본설계 직책 과장으로 있을 때의 직원들 모임인 '기가스', 기술사들의 모임인 '술사회', 종합설계과원들 모임인 '한울타리' 등 다양하다. 입사했을 때 같이 근무했던 과원과의 모임인 '갈매기'는 25년여의 역사를 자랑한다. 이미 갈매기 모임의 회원 중 반은 회사를 떠났지만 회비가 5,000원밖에 안 되기 때문에 아직도 꾸준한 만남을 유지하고 있다. 여러가지 사정으로 인하여 1년에 한 번 만나기 힘든 상황이지만 이런 만남은 끊어질 염려가 없다. 조금이라도 회비가 모여 있으면 서로 간의 유대감도 유지가 되고 시간이 지나더라도 모임을 다시 가지기가 훨씬 수월하다. 새로운 사람과의 만남보다 좋은 사람과의 관계 유지가 삶을 보다 충만하게 해주는 중요한 요소이다.

5,000원짜리 모임은 소중한 사람과의 만남을 오랫동안 유지하는 나만의 숨은 비법이기도 하다. 하지만 그보다 중요한 덕목은 관심과 노력이라고 할 수 있다. 나는 아직도 초등학교 시절 동네를 같이 뛰어놀던 추억을 간직한 친구들과도 만남을 유지하고 있고, 프로 야구가 새롭게 창단하던 그 시절의 기억을 오롯이 간직한 중학교 시절의 친구들, 강선대에 위치한 고등학교를 같이 오르내리면서 정을 쌓은 고등학교 시절의 친구들, 대학 시절의 추억을 간직한 동아리 친구들, 학과 친구들과 여전히 연락하면서 만남을 이어가고 있다. 초등학교 시절 친구들은 요즘 유행하는 인터넷의 힘을 빌려 새롭게 연결이 되었다. 아이러브스쿨, 다음 카페를 거쳐 밴드라는 소셜 네트워크를 통하여 몇몇만 알고 있던 초등학교 동창에 더하여 100여 명의 초등학교 친구와 연락도 하고 정기적으로 추억을 되뇌이는 자리를 만들어 나가고 있다. 반면, 중학교, 고등학교 친구는 소셜 네트워크보다는 꾸준한 관심과 연락을 통

해서 소중한 관계를 유지하고 있다고 할 수 있다. 고등학교 졸업한 지가 이미 35여 년이 지났고 중학교 졸업도 근 40년이 지났으니 그 긴 시간 동안 만남을 이어 온 것이 결코 쉬운 일은 아니었다. 서로 다른 학교로 진학하고 직장도 달라 전국 각지에 흩어져 삶의 터전을 닦고 살다 보니 정기적인 만남은 불가능했다. 중간중간 서로 오해도 있었고 다툼도 있었으며 한동안 연락이 끊겼던 기간도 있었다. 하지만 오랜만에 만나더라도 어린 시절 추억을 간직하고 있는 모임이다 보니 금방 옛날의 친구 사이로 되돌아가기가 쉬웠다.

하지만 꾸준히 모임을 이어가기 위해서는 누군가의 노력과 희생이 있어야 했다. 요즘 연락 방법인 카톡은 전화번호가 바뀌어도 연락이 가능하지만, 핸드폰도 없던 시절에는 전화번호를 수첩에 적어 다녔기 때문에 수첩을 잃어버리면 연락하기가 쉽지 않았다. 핸드폰을 사용한 후에도 친구가 전화번호를 바꾸고 1년 동안 연락을 못 해 연락이 끊어지는 경우도 있었다. 이런 모임을 꾸준히 유지하기 위해서는 누군가는 꾸준히 연락처를 관리해야만 했다. 전화가 안 되면 다른 친구를 통하거나 심지어 부모님 댁으로 전화해서라도 전화번호를 확인해야 했다. 일반적으로는 연말이나 연초에 안부전화를 한 번씩하면서 연락처를 관리하는 방법이 가장 용이하지만 귀찮은 일이기도 했다. 공식적으로 회비를 거두는 모임으로 성장을 한 경우는 회장과 총무를 선출하여 돌아가면서 관리를 하면 되지만 그렇지 않은 경우는 개중에 가장 활동적이거나 부지런한 친구가 자발적으로 그 역할을 해야만 오랫동안 친구 관계를 유지할 수 있다. 아직까지 나에게 이렇게 소중한 모임이 많이 존재하는 가장 큰 이유는 나 스스로 그 역할에 최선을 다했기 때문이다. 지금은 자주 못 보지만 은퇴한 후 같은 추억을 간직한 친구들과의 만남을 꿈꾼다. 그때가 되면 지금보다 더 많은 시간을 같이 할 수 있으리라 기대해본다.

미국 하버드대학교 의과대학 정신과 교수 로버드 월딩어는 '관계(Relationship)가 인생에서 행복을 결정하는 중요한 요소'라고 말했다. 그는 75년이라는 오랜 세월 동안의 추적 연구 끝에 '행복'과 '만족감'에 관한 데이터를 연구한 결과를 발표하였다. 1938년부터 75년간 남성 724명의 인생을 추적했는데 해마다 설문을 실시했고 최초의 연구 대상 724명 중 60여 명이 생존하여 연구에 참여하는 상태였다. 조사는 참가자의 직업, 건강, 결혼과 가정생활, 사회적 성취, 친구관계 등 삶의 전반에 걸쳐 이루어졌으며 그들의 자녀와 이야기를 나누고, 아내와 심각한 고민을 이야기하는 그들의 모습을 촬영하기도 했으며 뇌스캔과 피검사 같은 건강검진도 진행했다. 이렇게 75년간의 연구를 통해 파악한 행복의 조건에 성공, 명예, 혹은 열심히 노력하는 데 있지 않았다. 가장 분명한 메시지는 바로 '좋은 관계'가 우리를 건강하고 행복하게 만든다는 것이다. 조사 시작 때 대상자들의 삶의 목표는 대부분 부와 명예였지만 이들의 나이가 50세 이후에 이르렀을 때는 행복하고 건강한 삶의 조건으로 '인간관계'를 가장 중요하게 꼽았으며 최종 연구 결과는 세 가지 교훈으로 요약되었다.

첫 번째 교훈은 가족, 친구, 공동체와 사회적 연결이 긴밀할수록 더 행복하고 건강을 유지하면서 오랫동안 살 수 있는 반면 고독은 매우 유해하여 자신이 원하는 것 이상으로 고립되어 불안함을 가져오고 건강을 해칠 뿐 아니라 수명 또한 짧아진다는 것이다.

두 번째와 세 번째 교훈은 거의 유사하다. 바람직하고 따뜻한 관계로 관계의 질을 높이는 것이 무엇보다 중요하다는 것이다. 애정 없이 갈등만 잦은 관계가 아니라 서로 이해하고 정을 나눌 수 있는 친밀한 관계를 얼마나 많이 그리고 잘 유지 하느냐가 나이 먹는 고통의 완충제 역할을 할 뿐 아니라 기억력을 더 선명하게 해준다는 결론이다. 이런 연구를 참고해 보면 지금 우리가 최우선의 가치를 부여해야 할 행동 양식이 무엇인지 다시 한번 돌이켜볼 수 있다. 승진을 위하여, 좋은 집을 위하여 앞만 보고 달려가는 우리를 잠시나마 멈춰서서 우리의 목표를 재설정해 보는 기회를 가져

보는 것은 어떨까? 물론, 목표를 가지고 최선을 다해 살아가는 것도 행복을 위한 노력의 한 부분이다. 하지만 그 삶 속에서 조금만 여유를 가지고 약간의 노력을 기울인다면 그 어떤 보험보다 가치 있는 노후 준비를 할 수 있다. 이런 맥락에서 좋은 관계는 보험이라고 생각한다. 친구, 지인과 꾸준히 만남을 유지하는 것, 필요하면 내가 먼저 연락해서라도 좋은 관계를 이어 나가는 것이 그 어떤 보장성 보험에 가입하는 것보다 낫다는 말이다. 보험료는 불입하되 보험금은 안 찾아 먹을수록 좋다. 보험금을 찾는다는 것은 병이 생기든지 좋지 못한 사고가 생겼다는 이야기니 보험금은 안 찾아 먹을수록 이익이다. 만약의 사고를 대비한다는 측면과 인생을 살아가는 동안 마음을 편안하게 해주는 효과가 있고 만기가 되면 나의 노후를 책임질 수 있는 것이 보험이다. 친구 같은 좋은 존재가 인생의 후반부를 행복하게 유지해 줄 수 있는 소중한 보험과 같다고 생각한다.

이런 연구와 유사한 결과를 보여주는 예들은 상당히 많다. 보다 구체적인 행동 방향을 보여주는 연구로는 영국의 심리학자 로스웰(Rothwell)과 인생상담사 코언(Cohen)이 만들어 2002년 발표한 행복공식이 있다.

'행복은 인생관·적응력·유연성 등 개인적 특성을 나타

내는 P(personal), 건강·돈·인간관계 등 생존조건을 가리키는 E(existence), 야망·자존심·기대·유머 등 고차원 상태를 의미하는 H(higher order) 등 3가지 요소로 행복지수를 측정하는 방법이 있고 이런 행복지수를 측정한 후 행복도를 높이기 위해서는 가족과 친구 그리고 자신에게 시간을 쏟을 것, 흥미와 취미를 추구할 것, 밀접한 대인관계를 맺을 것, 새로운 사람들을 만나고, 기존의 틀에서 벗어날 것, 현재에 몰두하고 과거나 미래에 집착하지 말 것, 운동하고 휴식할 것, 항상 최선을 다하되 가능한 목표를 가질 것' 등 8가지에 힘쓰도록 강조하고 있다.

 이 행복지수 연구에서도 무엇보다 가족, 친구와 좋은 시간을 갖고 밀접한 대인관계를 맺으며 새로운 사람과의 많은 만남이 행복도를 높이는 방법이라고 설명한다. 사람마다 행복해지기 위하여 여러 가지 노력을 한다. 어느 것 하나 본인에게는 소중하지 않은 것이 없겠지만 인생을 살아가는 순간뿐만 아니라 마무리하는 순간까지 골고루 행복이라는 선물을 줄 수 있는 존재가 바로 좋은 친구라고 생각한다. 이런 보물 같은 좋은 친구가 갑자기 하늘에서 뚝 떨어지는 행운은 없다. 화분에 물을 주듯이 관심을 가지고 애정을 듬뿍 줘야만 어느 가을날 은은한 향기를 가득 풍기는 국화 같은 이쁜 친구가 내 인생 사이 사이를 행복으로 가득 채워 줄 것이다. 지금 당장 소원했던 보물 같은 친구의 연락처를 들춰 보길 바란다. 먼지 쌓인 보석을 삶의 보자기에서 꺼내 소중하게 그리고 조심스럽게 가꾸다 보면 행복이란 놈이 살며시 나의 곁을 채우고 있음을 느낄 수 있을 것이다.

아낌없이 주는 나무

'아낌없이 주는 나무'의 사랑은 어머니의 사랑과도 같다. 훌륭한 멘토가 되고 싶은 사람들은 항상 가슴에 품고 실천해야 하는 가르침이기도 하다.

소년에게 자신의 모든 것을 내어주는 '아낌없이 주는 나무'의 사랑을 바라보는 시각에는 차이가 있기도 하다. 소년의 행복을 위하여 아무것도 요구하지 않고 한결같은 사랑을 베푸는 헌신적인 사랑이야말로 진정한 사랑이라는 시각과 사랑을 받기만 하고 베풀 줄 모르는 아이로 만든 나무의 사랑은 부적절하다는 시각이다. 하지만 이런 헌신적인 사랑이야말로 상대방을 감동시킬 수 있고 세상을 맑고 밝게 만드는 진정한 힘이라고 믿는다. 그 무한한 사랑을 받고 훌륭하게 성장하느냐 이기적으로 자라나느냐는 아이의 몫이지 않을까? 부모의 충분한 사랑을 받고 자라난 자녀는 자존감도 충만하고 배려심이 풍부해 베풀 줄 아는 아이로 자라날 확률이 훨씬 높다. 사랑은 받아본 사람이 줄 수 있다는 이야기와 통하는 말이다. 하지만 요즘같이 개인주의가 팽배한 시대에는 이런 마음을 꾸준히 유지하고 실천한다는 것은 거의 불가능하지 않을까 생각한다.

열정적으로 봉사 활동에 참여하는 이들이 주위에 많다. 그분들은 자기 스스로에 대하여 큰 만족을 느낀다고 한다. 직접 실천하고 느껴보지 못하면 이해하기가 힘든 이야기다. 얼마 전까지만 해도 중고등학교에서는 의무적으로 봉사 활동을 하도록 한 적이 있다. 그러면서 봉사 활동 점수가 과학고나 특목고, 수시 대입 합격에 많은 영향을 미친 적도 있었다. 자원봉사 활동 사이트에서 신청하고 참여할 수 있는 창구가 다양해서 일부 부모님은 본인이 활동하는 봉사 활동에 자녀들을 데리고 다니면서 체험하는 기회를 주었다.

큰아이 중학교 시절에 특목고 입시에 도움이 될까 하여 봉사 활동을 찾아 보았지만 마땅한 기회를 찾기 힘들었다. 자원봉사 사이트에는 도서실 봉사 등 점수를 채우기 위한 형식적인 봉사 활동이 대부분이었다. 그때 NGO활동을 꾸준히 하던 초등학교 친구 ○의 근황을 알게 되었고 그 친구도 울산에 살고 있었다. 친구 ○가 하는 봉사 활동 모임에서 매달 한 번씩 주말에 어르신들을 모시고 점심식사를 대접한다는 이야기를 들었다. 그래서 큰아이와 함께 참여하기로 했다. 종종 초등학생인 작은 아이도 함께 갔다. 친구 ○뿐 아니라 많은 분이 열정적으로 봉사를 실천하고 계셨다. 참 존경스러운 분들이라고 느꼈다. 나 또한 작은 행복을 느낄 수 있었다. 아이들에게도 봉사에 대한 경험을 선사한 것 같아 더 만족스럽기도 했다. 이런 작은 경험들이 가슴속에 녹아들어 기회가 오면 새로운 봉사 활동 참여를 하면서 습관이 되어 더 많은 행복의 순간을 느낄 수 있을 것이다.

꾸준한 봉사 활동을 해 오는 분들에게 자주 듣는 말이 있다.

"봉사는 남을 위한 일이 아니라 나 자신을 위한 일이다."

사랑을 하거나 행복한 일이 있을 때 생성되는 엔돌핀이 봉사하는 과정에서 생성된다고들 한다. 친구 ○를 보면 원래 심성이 착해서 봉사 활동을 열심히 하는지, 봉사 활동을 열심히 하다 보니 마음이 정화되어 올곧게 사는지 모르겠지만 삶 자체가 담백하고 상대를 배려하는 마음이 대단하다. 명예퇴직한 친구의 어려움을 보살펴 줄 때나 상황이 어려운 친구를 배려해 줄 때나 연말에 일일이 달력을 친구들에게 배송해 주는 세심한 행동들이 주위 사람의 마음을 따뜻하게 만들어 준다. 친구 ○는 항상 엔돌핀이 넘쳐나 보인다.

봉사 활동 하면 떠오르는 배우 '오드리 헵번(Audrey Hepburn)'이 있다. 외모만큼이나 마음이 아름다운 배우라고 칭송한다. 그녀가 아들에게 들려준 "두 개의 손 가운데 한 손은 너 자신을 돕는 손이고, 다른 한 손은 다른 사람을 돕기 위한 손이란다"라는 메시지는 너무나 유명한 문구다. 우리처럼 평범한 사람들에게는 쉽게 시도하기 어려운 봉사 활동과 영향력을 가지고 있다.

이슬람교에서는 오직 다섯 가지 요구사항만 충족하면 무슬림이 될 수 있다. '알라는 유일신이고 무함마드는 알라의 사도이다'라는 구절을 말하는 신앙고백(샤하다), 매일 5회 기도(살라트), 자선(자카트), 라마단 기간의 단식(사움) 그리고 메카로 성지순례(하즈) 이렇게 다섯 가지 의무가 있다. 특히, 이슬람의 예언자인 무함마드의 가르침에는 자선과 관련된 가르침이 꽤 많다. '배부를 때까지 먹고 이웃의 곤궁함을 내버려 두는 자는 완전한 무슬림이 아니다'라든지 '과부와 빈곤한 자를 돌보는 자는 알라를 위해 싸우는 전사와 같다' 등의 문구를 실천하는 예를 자주 본다. 차가 신호등에 멈춰 서면 주위를 청소하는 삼국인들에게 창문을 열고 자선을 베푸는 모습이나 라마단이 끝날 때쯤이면 회사 내에서 대대적인 기부 행사를 펼치기도 한다. 오드리 헵번 같은 세계적으로 영향을 미치는 봉사는 감히 실천하기 어렵더라도 가까이에서 엔돌핀을 물씬 풍기는 친구 ○와 같이 생활 속에서 가볍게 행할 수 있는 자선은 마음만 있으면 쉽게 실천할 수 있다.

사우디에서의 생활은 다음 날 아침 일찍 출근해야 하고 식사를 각자 하는 상황이었다. 내가 생활한 지 일 년쯤 뒤에 새롭게 합류하는 파견자들이 밤늦게 숙소에 도착하는 경우가 많았다. 그들을 위해 밤에 도착해서 요기할 간단한 간식과 아침에 먹을 수 있는 식사 거리를 각자 방에 있는 냉장고에 넣어 놓는다든지, 생일을 맞이하는 동료를 위하여 미역국을 끓여 같이 식사를 한다든지 하는 자그마한 실천들을 사우디에서 생활하는 동안 꾸준히 실천했었다. 그렇게 힘들이지 않고 베풀다 보니 그때 작은 배려를 받은 후배 파견자들과는 여전히 형님, 동생 하는 사이를 유지하고 있다. 그들 중 기특한 멘티들은 내가 복귀한 후에도 꾸준히 이후에 오는 파견자들을 위하여 간단한 먹거리를 챙겨주는 베풂을 실천하고 있다고 한다.

새로운 회사로 옮긴 이후에도 후배들에게 무엇을 베풀 것인지 고민하였다. 직책이 있지도 않고 금전적 베풂이 가능하지 않은 상황에서 찾은 방법 중 하나가 업무적 베풂이었다. 설계실에서 오랫동안 전공했던 기본과 종합 관련 업무를 수행하는 후배들이 있었다. 친환경 부문에 있어서 그다지 중요한 역할을 담당하지 못하다 보니 평가도 미미한 상황이었다. 마침 새롭게 추진하는 개조 사업에서는 내가 참여한 NAPA System을 활용하여 조금 더 가치 있는 업무를 수행해야 할 상황에 맞닥뜨려진 것이다. NAPA System 개발과 적용을 포함하여 부문 내에 미치는 발전 방향에 대한 보고 등을 도와주었다. 실무에 바쁜 후배들을 위하여 관련 보고서와 몇몇 매뉴얼도 작성하여 업무에 도움을 주었고, 분기별 포상에도 추천서를 작성하여 상을 받도록 도와주면서 조직 내에서 인정도 받고 스스로의 자존감을 높이도록 지원해 주었다. 고유한 업무 외에도 조금만 힘을 보태줘도 빛나는 후배들에게는 이런 작은 베풂을 통하여 더욱 가치를 빛나게 해줄 수 있다. 그렇게 함으로써 조직 전체에도 도움이 되고 이런 베풂을 받은 후배는 또 다른 후배에게 베풂을 실천하는 선한 영향력이 이어진다고 믿는다.

훌륭한 멘토는 아낌없이 주는 나무처럼 끊임없이 베풂을 실천할 수 있는 마음과 노력을 유지해야 하고, 멋진 멘토로 성장할 잠재력을 가진 기특한 멘티는 훌륭한 멘토를 통하여 배우고 성장할 수 있는 마음가짐을 가져야 한다고 믿는다. 이런 훌륭한 멘토와 기특한 멘티의 만남이 더 나은 조직, 더 발전하는 사회를 만들어가는 좋은 기반이 되지 않을까.

사우디에 근무하는 중에도 한국으로 휴가 오면 아들과 함께 구세군 봉사 활동을 했던 적이 있다. 자녀들과 함께하는 봉사 활동으로 아이들에게 선한 영향을 미친다든지 사회 생활 중에 후배들에게 작은 베풂을 통하여 나눠주는 삶을 실천해 나간다면 이 사회는 조금 더 건강해지리라 믿는다. 주위에 아낌없이 주는 삶을 실천하는 분들을 거울삼아 나 또한 기특한 멘티의 자세로 배우고 실천하려고 노력 중이다. 언젠가는 나도 아낌없이 주는 나무와 같은 사람이라는 말을 누군가에게 듣기를 기대하면서 멘티의 걸음을 내디딘다.

Part 4

민들레 꽃씨가 되어

혼자 있는 시간의 힘

'사우디에서 살아남기.' 처음 사우디 파견이 결정된 후 떠오른 문장이다. 사람들과 어울리기 좋아하고 술 좋아하는 나에게 술도 친구도 없는 삭막한 곳에서 가족들과 헤어져서 생활해야 한다는 것은 쉬운 결정이 아니었다. 걱정만큼이나 사우디에서의 생활은 힘든 면이 많았다. 대중교통도 없었고 직접 장을 봐서 식사를 해결해야 했을 뿐만 아니라 극장이나 오락 시설도 거의 없는 생활에 익숙해지는 데 상당한 시간이 필요했다. 한국에서 라면 끓이기 외에는 딱히 요리라고는 해본 적이 없는 사내들끼리의 사우디 생활은 '살아남기'라는 단어가 딱 맞았다. 이렇게 어려운 환경에 처하면 사람들은 서로 의지하게 되고 힘을 합치는 경향이 있는 것 같다. 초반에 함께 파견된 10여 명의 동료들은 서로에게 많은 힘이 되었다. 초기부터

와 있던 동료들의 도움으로 한국 식자재를 파는 가게도 알게 됐고 인터넷으로 요리하는 방법도 하나씩 익혀 이제는 제법 다양한 요리도 할 수 있다. 처음에 느꼈던 막연한 두려움을 극복하며 동료들과 힘을 합쳐 사우디에서 살아남는 방법들을 하나 둘 알아갈 수 있었다. 다 같이 모여 김치도 담그고 명절 때는 나눠서 음식을 준비하여 어울리기도 하면서 서서히 사우디 생활에 적응하였다. 원체 사람들과 어울리기 좋아하고 변화에 적응을 잘하는 체질이라 사우디 적응은 다른 동료에 비해 빠른 편이기는 했다.

기본적인 생활에 적응하자 사우디뿐만 아니라 인근 중동 국가에 관심이 생겨 마음 맞는 동료들과 한두 곳 여행도 다니게 되었다. 사우디 내에는 관광이라고 하기에는 볼거리가 너무 빈약하여 딱히 추천할 만한 장소는 없었다. 홍해에 인접한 서부지역은 경치가 아름다운 지역이 제법 있지만 동부지역에서 가기에는 너무 멀고 아라비아 만에 위치한 동부지역에는 담맘, 주베일 등 항구로 개발되어 별다른 구경거리가 없는 지역이다. 그나마 동부지역에는 예전 오아시스가 존재했고 수천 년간 천연 샘물이 솟아나면서 대추야자 나무가 밀림처럼 펼쳐진 동아라비아의 역사를 간직한 아하사 오아시스 지역이 있다. 세계문화유산으로 등재된 지역으로 특히 후푸프 지역에는 색다른 천연 동굴과 사우디 재래시장

뿐 아니라 알 카라산 등 사우디에서는 쉽게 보기 힘든 광경을 만날 수 있다. 이 지역과 담맘 사이에 위치한 아스화르 호수는 사막 허허벌판에 위치해 색다른 풍경을 감상할 수 있다. 사우디의 수도 리야드 인근의 붉은사막 지역(Red Sand Dunes)과 세상의 끝(Edge of the World)에 펼쳐진 기암절벽들은 미국 그랜드캐니언을 연상하게 한다. 리야드 시내에 위치한 킹덤센터에 올라 야경을 감상하는 것도 사우디에서의 추억이 될 수 있다. 그 외 주베일 인근 모래사장에서 해수욕을 해보거나 배를 빌려 아라비안해에서 낚싯대를 드리워 보는 것도 색다른 추억이 되기도 했다.

이외에도 사우디에서 생활하는 동안 동료들과 담맘 앞바다에서 게잡이도 해보고 파견 초기 사우디에서 유일하게 극장이 있었던 지금은 자유롭지만 그 당시까지만 해도 허가되지 않았던 여자의 운전이 가능했던 아람코 단지에 들어가서 다양한 문화도 경험할 수 있었다. 봄철과 가을철에는 사막에 설치된 텐트에서 바베큐와 깝사같은 사우디 전통 음식을 먹으며 정담을 나누는 것도 중동 지역에서 맛볼 수 있는 추억이었다. 사우디에 파견 후 적응을 마칠 무렵부터 2년여 동안은 이렇게 사우디 국내 여행뿐 아니라 인근 국가인 바레인이나 두바이에서 주말을 보내기도 하고 국경일을 이용하여 이집트를 방문하여 피라미드와 스핑크스를 보기도 하고 동료들과 바다거북의

산란을 볼 수 있는 오만에 다녀오기도 했다.

이런 여행들이나 같이 더불어 생활하는 즐거움들도 시간이 흐르면서 만족도가 점점 줄어들기 시작했다. 초반에 같이 와서 동고동락했던 직원들의 일부가 복귀하기도 했고 새롭게 파견된 직원과 서먹한 관계도 영향을 미쳤던 것 같다. 처음 파견되서 자리잡은 숙소는 3명이 같이 생활하는 컴파운드였다. 방은 따로 쓰지만 거실과 부엌은 공용이라 음식 준비와 식사도 같이 하는 생활이었다. 그러나 약 1년 후 새로운 숙소로 옮기는 과정에서 점점 공동 생활에 대한 불편함이 쌓이면서 독방을 선호하게 되었다. 결국 1인실이 있는 곳으로 옮겼고 점점 혼자서 생활하는 시간이 늘어갔다.

이런 와중에 코로나 사태까지 겹치면서 철저하게 혼자 있는 시간을 강요당하는 상황이 만들어졌다. 코로나 사태로 체육관 사용도 금지되고 5인 이상 모임도 불가능해졌으며, 국제항공이 폐쇄되어 휴가도 갈 수 없는 상황이 되었다. 코로나가 심해진 기간 동안 회사에서는 재택근무를 시행했고 거실 하나에 방 하나뿐인 숙소에서 생활하는 혼자만의 시간은 나에게 많은 생각할 거리를 던져주었다. 일주일에 한 번 정해진 시간에 인근 마트만 갈 수 있는 시간이 허용되었고 동료들과 어울려 이야기하기도 조심스러운 그렇게 철저히 혼자만의 삶 속에 던져진 것이다.

『혼자 있는 시간의 힘』의 작가 사이토 다카시의 "지금의 나를 만든 것은 10년의 혼자 있는 시간이었다"라는 말이 생각났다. 그는 혼자만의 시간은 항상 주어지는 것이 아니며 적극적으로 혼자가 되라고 강조했으며 기회는 혼자 있는 시간에 온다고 했다. 정약용을 비롯하여 위대한 역작을 집필한 분들을 보면 대부분 유배 등 혼자 있는 시간을 잘 이용했던 분들이 많다. 특히 『토지』, 『태백산맥』 등 국민 대하소설을 집필한 조정래 작가는 매일 16시간씩 글 쓰는 독방에 스스로를 가둔 상태에서 철저하게 혼자되는 상황을 만들었다고 한다.

　이렇게 9개월의 혼자 있는 시간은 엄청난 외로움을 동반하기도 했고 나태함에 대한 끊임없는 유혹에 시달리기도 했다. 하지만 혼자만의 시간을 얼마나 효과적으로 관리하느냐가 곧 얼마나 혼자 잘 설 수 있느냐는 결론과 직결된다. 스스로 생활을 관리하고 제어하여 홀로 우뚝 설 수 있어야 다른 이들과 함께하는 삶에서도 외부의 힘에 휘둘리지 않는 굳건한 삶을 살 수 있는 것이다. 시중의 많은 책들에서 보면 스스로의 삶을 알차게 활용하기 위해서는 계획을 잘 세워서 착실히 실천하는 방법을 제시하는 경우가 많다. 틀린 말은 아니다. 하지만 나 홀로 있는 시간이 길어지다 보면 이런 계획을 실천에 옮기는 일이 얼마나 힘든지 누구나 알 수 있을 것이다. 누구나 방학 때 세운 계획을 제대로 지키지 못했던 기억들을 한두 가지씩 가지고 있을 것이다. 당연히 계획을 세워서 실천하고, 다시 조정하고 또 실천해야 한다. 계획을 실천하지 못했다고 자책하거나 포기해서는 혼자 있는 시간을 현명하게 헤쳐 나갈 수 없다.

어떠한 상황에서든지 긍정적인 사고를 유지해야 한다. 계획대로 실천하지 못한 경우가 생기더라도 포기하지 말고 최대한 빨리 기분을 전환하여 새로운 계획을 수립하고 실천해 나가는 자세가 중요하다. 이렇게 반복되는 계획의 수정과 새로운 도전을 통하여 일상의 지루함을 떨쳐버려야 한다. 수시로 발생하는 외로운 감정이나 서운한 감정들은 불어오는 바람에 날려버린다는 생각으로 마음을 비우는 노력을 계속해 나가는 것이 중요하다. 이런 평상심을 유지하는 최고의 방법은 역시 운동이다. 다른 계획들은 수시로 변경하더라도 운동만큼은 정해진 시간을 철저히 지키는 것이 중요하다. 운동을 하면 나쁜 감정들을 날려버리고 새로운 계획도 수립하는 일석이조의 시간을 가질 수 있다. 혼자 있을 때 몸 아픈 만큼 서럽고 힘든 게 없다. 혼자 있는 시간을 가치 있게 보내기 위해서는 운동으로 몸 상태를 건강히 관리함으로써 마음의 평정심을 유지하는 것이 중요하다.

혼자 있으면 간혹 남들은 뭔가 계속 발전하고 앞으로 나아가는데 나만 한 자리에 멈춰 있는 듯한 기분이 들 때가 많다.

'제자리에 있고 싶으면 죽어라 뛰어야 한다'는 『이상한 나라의 앨리스』에서 붉은 여왕이 앨리스에게 했던 말이다. 붉은 여왕의 나라에서는 주변 세계가 이미 앞으로 움직이고 있는 데다가 가만히 있으면 뒤처지고 말기 때문에 남들과 어깨를 나란히 하려면 끊임없이 뛰어야 한다는 내용이다. 우리나라가 놓여있는 상황이나 각 기업이 처해있는 처지를 보면 부단한 노력을 하지 않으면 안 될 것 같은 감정이 들 수밖에 없다. 그런 부단한 노력으로 지금의 대한민국과 지금의 나와 여러분이 존재하는 것도 사실이다.

하지만 사우디에서의 생활, 특히 코로나 이후에 철저히 혼자 있는 시간을 겪으면서 계획과 실천에 집중했던 나의 삶에도 조그마한 변화가 찾아왔다. 재택 근무를 시작하고 가장 어려웠던 일 중 하나가 스스로 시간을 관리하고 내가 해야 할 일을 찾아내는 것이었다. 근 30년을 조직에서 근무하다 보니 시간 지키기 같은 것은 전혀 문제가 되지 않았다. 스스로 해야 할 일이 결정되면 집중해서 처리하는 것 또한 수월했다. 하지만 어느 순간 해야 할 일들이 사라지는 순간이 왔을 때가 가장 당황스러웠다. 이런 상황을 슬기롭게 극복하는 방법은 바로 자신에게 관대해지고 여유로운 마음을 가지는 것이다. 스스로에 대한 믿음을 가지고 지속적으로 동기부여를 하다 보면 자연스럽게 재충전이 된다.

인도양의 어떤 섬에서 원숭이를 잡을 때, 손만 간신히 들어갈 정도의 좁은 입구로 된 항아리 속에 원숭이가 좋아하는 먹이를 넣어 놓고 기다리다 보면 원숭이가 항아리 속으로 손을 집어넣고 먹이를 움켜쥔 상태에서 손을 빼지 못하고 쩔쩔맬 때 사로잡는다고 한다. 먹이에서 손만 놓으면 도망갈 수 있는데, 손에 쥐고 있는 먹이를 놓지 못한 작은 욕심 때문에 목숨까지 위태로워지는 것이다. 욕심을 버리고 세상을 바라보면 시야가 넓어지고 조금만 여유를 가지고 상황을 판단하면 보다 냉철한 결정을 내릴 수 있다. 스스로에 대한 믿음이 있으면 혼자의 힘으로 우뚝 서서 앞으로 한 걸음씩 앞으로 나아갈 수 있는 것이다. 나 혼자 굳건하게 설 수 있어야 같이 잘 설 수 있다.

코로나 상황이 사람들에게 혼자만의 시간을 가질 수 있는 황금 같은 기회를 주었던 것 같다. 피하지 말고 나 혼자만의 시간을 통하여 스스로를 돌아보고 사랑할 수 있는 시간으로 만들어 보길 바란다. 사우디에서 일 년 정도 재택 근무를 하던 기간 하루하루 자유롭고 충만했던 것 같다. 혼자만의 시간을 가져 누구에게도 휘둘리지 않는 담담한 모습의 나를 만들어 보자.

사우디아라비아 붉은 사막

자연, 여유와 함께한 북유럽

"비워야 채울 수 있다."

세상을 현명하게 살아가기 위해서는 한 번씩 마음과 머릿속에 쌓인 잡념과 찌꺼기를 비우는 훈련이 필요하다. 나는 여행을 통하여 비우기를 실천한다. 워낙 여행을 좋아해서 국내에서 유명한 여행지들을 여기저기 둘러볼 기회가 많았다. 해외여행이 자유화가 되고서는 해외 명소들을 둘러볼 기회가 있었다. 이 글에서는 자연과 여유를 가지고 떠난 해외여행을 통해 나 자신을 비웠던 경험과 낯선 사람들, 새로운 문화가 나를 채웠던 이야기를 하고자 한다. 살아오면서 많은 멘토를 만났고 그들을 통하여 나 자신을 성장시켰다. 사람 멘토뿐 아니라 여행이라는 행위가 나를 비웠고 그 빈 곳을 채우며 또 다른 감흥을 느낄 수 있었다.

1989년 관광 목적 출국 허용 연령 기준이 철폐되면서 해외여행 자유화가 전면적으로 이루어졌다. 요즘처럼 배낭여행이나 어학연수 경험이 없던 시절에 입사하여 첫 해외 출장을 노르웨이 오슬로 근처에 있는 회빅으로 가게 되었다. 가까운 일본조차 가본 경험이 없던 시절에 북유럽 노르웨이에 그것도 최고로 날씨가 좋은 7월에 3주간 머문 것은 엄청난 기회였다. 북유럽을 언제 다시 올지 모른다는 생각에 두 번의 주말 동안 북유럽 유명도시를 여행하기로 마음 먹었다. 첫 주 주말은 오슬로에서 기차를 타고 베르겐을 거쳐 덴마크 코펜하겐에 들러 인어공주 동상을 보고 둘째 주에는 스웨덴 스톡홀름을 거쳐서 핀란드 헬싱키를 구경하고 다시 오슬로로 돌아오는 일정이었다. 첫 주는 함께 출장 온 선배와 동행했고 둘째 주는 홀로 다녀온 여행이었다.

  지금 생각해 봐도 처음 간 외국 여행에서 인터넷도 없이 책 한 권 달랑 들고 용감하게 도전했던 나 자신이 제법 기특하기도 하다. 당시 여행지 중에 오슬로와 베르겐 간 기차를 타고 가다가 중간에 내려 배를 갈아타고 피오르드를 지나는 경로는 아직도 눈에 선하다. 초여름 양쪽 계곡에서 만년설이 녹아내리는 폭포는 가히 절경이었다. 그리고 스톡홀름에서 호화여객선을 타고 헬싱키까지의 여정도 기억에 강하게 남아있다.

잔잔한 호수 같은 바다를 지나는 곳곳에 자그마한 섬들이 많은데, 그날 낮에 보슬비가 온 덕분에 노을이 내려앉기 시작할 즈음 이쁜 무지개들이 각 섬에 하나씩 내려앉은 모습은 잊을 수 없는 풍경이었다. 이런 아름답고 여유로운 북유럽의 풍경은 첫 해외여행에 대한 두려움을 깨끗하게 지워 주었다. 숙소가 호텔이 아니고 회사에서 운영하는 쿼티지라고 하는 사택 같은 곳이었다. 주위에 가게도 하나 없는 한적한 곳에 도착한 우리를 기다린 것은 냉장고 속의 '서바이벌 푸드'였다. 냉장고에 물, 과일, 음료수와 간단히 요기할 수 있는 빵 종류까지 비치되어 있었다. 그때 느낀 상대방을 배려하는 마음이 아직까지 가슴에 남아있다. 이런 경험이 처음 사우디에 합류하는 동료들을 위하여 냉장고에 '서바이벌 푸드'를 준비하는 또 다른 배려로 전염되지 않았나 생각한다.

    헬싱키에서 오슬로로 돌아오는 공항에서 본 남매가 기억이 난다. 승무원의 도움은 있었겠지만 부모도 없이 어린 남매 둘이서 국제선을 환승하는 모습을 보면서 어린 시절부터 해외를 오가는 경험을 하다 보면 글로벌화되는 트렌드를 훨씬 빨리 습득할 수 있겠다는 생각을 했다. 비록 경제적인 이유 등을 통하여 많은 기회를 만들어주지는 못했지만 아이를 키우는 과정에서 해외 경험을 최대한 부여하려고 노력했던 게 그때의 기억 때문이다.

두 번째 해외 출장이 '말뫼의 눈물'로 알려진 세계적인 조선소인 코쿰스가 있었던 북유럽의 스웨덴이 될 줄은 예상을 못 했었다. 말뫼는 스웨덴의 제2의 도시이고 다리 하나만 건너면 덴마크 코펜하겐이 있고 기차로 조금만 가면 안데르센의 고향인 오덴세가 있는 도시다. 두 곳 모두 아늑하게 북유럽의 정취를 즐기기 그만인 도시들이다. 말뫼에 있는 동안 말뫼축제를 경험할 수 있었다. 낮에는 업무에 집중하고 일과 후에는 넓은 광장에서 각국의 문화도 체험하고 넓은 천막 안 무대에서 연주하는 음악에 맞춰 낯선 사람들과 어울리며 스스로를 말끔하게 정화할 수 있었다.

말뫼에는 조선업과 연관된 사람들이면 누구나 아는 흑역사가 있다. 1,500톤 골리아스 크레인을 보유하고 있던 코쿰스 조선소가 폐업한 후 현대중공업에서 해체 및 운송 비용을 부담하는 조건으로 골리아스 크레인을 단 1달러에 사들이기로 한 것이다. 크레인을 해체하여 운송을 준비할 즈음에 신규 CAD 시스템 도입 업무의 일환으로 2주간 말뫼를 방문하게 된 것이다. 당시 조선 설계용으로 많이 사용하던 CAD 시스템인 TRIBON의 본사가 말뫼에 있었기 때문이다. 결국 세계적인 조선소인 코쿰스와 같이 TRIBON사도 영국의 AVEVA사에 인수 합병되는 비운을 맞았으니 한순간의 부귀영화가 일장춘몽이라는 옛말을 허투루 들을 일은 아니다.

당시 구매한 골리아스 크레인을 설치한 현대중공업의 해양사업부에서는 골리아스 크레인을 이용하여 세계 최초로 육상건조 공법을 성공적으로 수행하였지만 최근에는 해양 물량의 감소로 해양사업부가 조선사업부에 통폐합되고 말았다. 지금도 철망 너머에 운송을 기다리고 있던 해체된 골리아스 크레인과 코쿰스라고 적혀 있는 골리아스 크레인이 설치되어 있는 사진이 선명한 엽서가 눈에 선하다. 돌이켜 생각해 보면 코쿰스가 겪었던 아픔을 근 20년이 지난 지금 우리 회사도 겪을 수 있다는 위기감을 느끼고 있다. 예전 계열사에서 브라질 신규 조선소에 판매하기 위하여 제작했다가 계약이 파기되어 보관하고 있던 1,600톤급 골리아스 크레인을 사우디 조선소에 설치하기로 결정하기도 했었는데 이런 결정들이 인생은 반복되는 데자뷔 같다는 생각을 했었다. 상당 기간 사우디 신규 조선소가 한국 조선업을 따라잡기는 어렵겠지만 중국 등은 엄청난 속도로 뒤쫓는 상황을 보면 충분히 위기감을 느낄만하다는 생각이 든다. 누구나 현 상황에 안주하다 보면 순식간에 추월을 당하는 것은 모든 산업에 적용되는 공통적인 사실이다. 당시 새로운 기술 개발과 신규 CAD 시스템 도입 등을 토대로 세계 최고의 자리에 올라섰지만 지금은 신기술 개발과 새로운 법규 적용 등으로 생존을 위하여 경쟁하고 있다. 낡은 것을 버려야만 새로운 것이 보인다고 했다. 과거의 명성과 안위를 과감히 떨쳐버리고 새롭게 도전하고 변화할 때만이 더 나은 세계로 도약할 수 있다.

세 번째 업무 출장도 북유럽에 위치한 핀란드의 헬싱키였다. 첫 해외 출장 때 다시는 기회가 없다고 생각하여 강행했던 북유럽의 여행 장소를 다시 방문한 것이다. 2주 동안의 핀란드 출장에서는 신규 도입한 기본계산 프로그램인 NAPA 시스템의 사용자 콘퍼런스 참석 및 개발자 교육이수가 주요 목적이었다.

날씨가 좋은 여름철이라 북유럽의 정취를 흠뻑 느낄 수 있었다. 주말을 이용하여 NAPA 직원의 별장에 가서 느낀 여행과 휴식의 의미는 남달랐다. 2박 3일간 인근 수킬로미터 내에는 인적이라고는 없는 호숫가 별장에서 알몸으로 수영도 하고 낚시를 하면서 북유럽의 햇빛을 만끽하다가 핀란드식 사우나까지 즐기니 그 자체가 힐링이었다. 여행이 어떻게 재충전과 연결이 되는지 느낄 수 있는 순간이었다. 마음 비우기의 진수를 만끽할 수 있는 기회였다. 그 당시 기억에 남는 또 다른 부분은 핀란드의 교육 시스템과 공무원들의 청렴결백한 문화였다. 대통령 궁이 해안가 어시장과 바로 인접해 있는가 하면, NAPA사 직원들과 레스토랑에서 저녁 식사를 하는 도중 바로 뒤에서 전직 대통령 부부가 단둘이 식사를 하고 있는 상황을 목격하기도 했다. 항상 세계 청렴도 5위권 안에 드는 나라다

웠다. 방학 때면 별장에서 가족과 자연을 느끼고, 예습을 해 가면 학부모가 선생님께 경고를 받는 사교육이 없는 나라다. 그럼에도 세계 최고의 교육 성과를 내는 핀란드의 교육 정책은 너무나 잘 알려져 있다. NAPA 시스템을 교육하는 석사 출신 얀이라는 젊은 직원은 회사 입사한 지 1년밖에 안 됐음에도 불구하고 조선 개념을 기반으로 한 프로그램 개발 기능을 능통한 영어로 교육까지 하는 수준이었다. 우리나라 입사 1년차가 수행하기에는 불가능한 수준이었다. 대학 졸업 후 NAPA사에서 업무를 병행하면서 석사 논문을 준비하여 석사 학위를 취득한 현업 친화적인 교육 방식이 만들어 낸 성과라 하겠다. 비록 세계 최고의 핸드폰 회사인 노키아가 이제는 삼성과 애플에 밀리기는 했지만 여전히 1인당 국민생산 기준이 약 5만 불에 근접한 안정적인 경제를 영위하고 있다.

북유럽을 여행하거나 방문할 기회가 있다면 7~8월 사이가 좋다. 다른 곳에서는 경험할 수 없는 밤 9시에도 공원에서 에어로빅을 즐기는 백야 현상을 경험할 수 있을 것이다. 그리고 자연 속에서 이틀 정도 편안히 힐링의 기회를 통하여 자연과 하나 되는 경험을 해보는 것이 최고의 경험이 되리라 믿는다.

자기를 비우는 방법은 여러 가지가 있다. 요가나 명상을 통하는 방법도 있고 음악 감상 등의 방법도 있다. 하지만 자연과 동화되는 시간을 가지는 것만큼 자연스러운 방법은 없다고 생각한다. 바람 부는 숲속을 걸을 때 양손을 활짝 펴고 손바닥으로 바람을 느껴보자. 하늘하늘한 바람이 손바닥을 지나서 마음속까지 씻어주는 경험을 해보시라.

이렇게 비워진 마음으로 더 아름다운 추억과 새로운 가치들을 차곡차곡 채워보자.

새로운 비움을 기대하며….

아이들에게 줄 수 있는 것

가족이라는 울타리는 참 소중하다. 가족과 함께 하는 행복은 삶의 최고의 가치이기도 하다. 직장에서 스트레스를 받은 후 따뜻하게 위로해 주었던 것도 가족이라는 울타리였다. 아이들에게도 가족은 너희가 힘들 때면 언제나 찾아와 쉬어 갈 수 있는 둥지라는 말을 자주 한다. 이런 가족 간의 애정도 서로 배려하고 노력하지 않으면 유지하기가 힘들다. 밥상머리 교육부터 다양한 가정 내 문화를 통하여 좋은 관계를 유지해 가야 하지만 일상생활 속에서는 한 번씩 가족의 소중함을 잊어버리고 함부로 하다가 오해가 생기기도 하고 갈등을 초래하기도 한다. 이런 일상의 지루함을 극복할 수 있는 방법 중의 하나가 가족 여행이다. 국내 여행도 좋지만 큰 마음 먹고 해외에서 가족끼리 시간을 가지면서 넓은 세상을 경험시켜 주는 것도 아이들에게는 큰 도움이 된다. 서로를 이해하고 믿음을 가질 수 있는 기회가 되는 동시에 새로운 공간에서 스스로의 존재를 인식하게 해 주는 훌륭한 방법이다.

아들의 중2병은 여느 아이들보다 유별났다. 우리 때 겪었던 사춘기는 비교가 안 될 정도의 힘든 시간을 아이들이 극복하는 동안 부모들 또한 아이들과 같은 힘든 시간을 겪어야 한다. 사우디에 파견간 지 2년이 되던 그 해 딸아이는 대입을 위하여 재수를 시작했고, 아들은 그 힘들다는 중2병을 겪어야 했다. 한국에서 두 아이들과 어려운 시간을 홀로 이겨낸 아내를 생각하면 미안하기도 하고 고맙기도 하다. 그 상황을 멀리서 지켜봐야만 했던 그 해 11월 휴가를 이용하여 아들과 단둘이 일본 오사카 여행 계획을 세웠다. 엄마와는 제대로 대화도 하지 않고, 더 이상 귀여운 아기이기를 거부하는 아들과 함께 하는 여행은 서로의 마음을 이해할 수 있는 좋은 기회를 제공했다. 그동안 알지 못했던 아들의 모습을 발견하게 되는 계기가 되었고 서로 속마음을 터놓고 이야기할 수 있었다.

아들은 초등학교 4학년 말 울산에서 서울로 전학을 온 이후 매년 학급 임원에 선출되었고 교내 활동도 원만하게 잘해 나갔다. 농구부와 댄스부 활동까지 적극적으로 참여하면서 서울 생활에 잘 적응하는 아들을 보면서 마음속으로 상당히 대견스럽게 생각했었다. 그런데 아들은 나름대로는 많이 힘들었던 모양이다. 서울로 전학 와서 적응하기 힘들었던 이야기와 중2 때 방황했던 일들에 대한 속마음도 들을 수 있었다. 반면 내가 계획했던 치밀한 오사카 여행 일정은 아들의 거부로 산산조각 나 버렸다. 일본 역사 체험에 맞춰 명소나 유적지 방문이 포함된 나의 계획은 아들의 관심사와는 거리가 멀었기 때문이다. 아들의 관심사는 역사 체험이 아니라 패션과 액세서리 쇼핑에 있었다. 구글맵을 보며 시장통을 이리저리 누비는가 하면 매장의 직원들과 서툰 영어로 소통하는 모습을 보면서 아이의 또 다른 모습을 발견할 수 있었다.

여행을 마치고 돌아온 후 아이는 조금씩 중2병에서 벗어나기 시작했고 여전히 아내의 눈에는 부족한 부분이 많았지만 남자끼리 느낄 수 있는 믿음 같은 것이 한 번씩 주고받는 문자를 통해 느껴졌다. 아이들을 키우면서 사춘기나 중2병 등으로 인하여 어려움이 닥쳤을 때, 한결 쉽고 빠르게 극복하는 방법은 가족들과의 다양한 추억 쌓기라고 생각한다. 어릴 때부터 아이들과 많은 추억을 만들어 놓는 것보다 좋은 방법은 없다. 그 중 가족과 함께하는 여행은 아주 좋은 약이다. 가능하면 부모에게 의존해야 하는 환경을 제공하는 해외로 여행을 가게 되면 더 많은 대화의 시간을 가질 수 있고 오랫동안 기억에 남는 추억을 쌓을 수 있다. 아이들이 너무 어릴 때 해외에 나갈 경우는 서로가 힘들기도 하거니와 정작 아이들은 기억 못 하는 경우가 많다. 사진으로 증거를 남기지 않으면 절대 인정하지 않는 경우도 있다. 큰아이가 네 살 때였던 2002년은 한일 월드컵으로 한반도가 떠들썩했었다. 그해 한국과 일본 간에는 일시적으로 비자 없이 방문이 가능했고 일본에 특파원으로 나가 있던 동서도 만날 겸 일본을 다녀온 적이 있지만 4살배기였던 딸아이는 전혀 기억하지 못한다.

가족들과 기억에 남는 해외여행은 내가 프랑스 파리에 파견을 나가 있을 때 여름 휴가 기간을 이용하여 가족들을 파리로 초대를 한 경우다. 딸이 초등학교 5학년 여름방학 때 아이 엄마랑 둘만 초대했다. 7살 난 아들은 아직도 그때 자기만 외갓집에 남겨 두고 간 사실을 들먹이기는 하지만 돌이켜 보더라도 아주 잘한 선택이었다. 일주일간은 파리 시내를 둘러보았고 나머지 한 주는 스위스와 독일을 여행했다. 가족들과의 해외 자유 여행은 계획부터 치밀해야 한다. 나 홀로 여행이나 친구들과의 여행은 지하철에서 출구를 잘못 빠져나오거나 차를 잘못 타더라도 그 자체가 여행의 일부가 된다. 하지만 가족들과 함께하는 여행에서는 이런 사소한 실수가 반복될 경우 다양한 불평과 투덜거림이 쏟아진다. 아이들이 스스로 여행 계획을 세울 수 있거나 원하는 장소를 찾을 수 있는 나이가 되면 다행이지만 그렇지 않다면 여행 일정을 세세한 부분까지 계획을 잘 세워야 한다.

인터넷을 확인하면 파리의 다양한 여행 장소를 찾을 수도 있겠지만, 9개월여 파리에 생활하면서 기억에 남는 장소들을 몇 군데 소개하자면 그중의 으뜸은 베르사유 궁전에서 여름 주말 저녁에 펼쳐지는 야외 공연과 불꽃놀이이다. 기회가 된다면 프랑스 혁명기념일인 7월 14일 즈음에 펼쳐지는 야간 불꽃놀이를 경험해 보기 바란다. 베르사유 정원을 화려하게 수놓은 각양각색의 조명과 음악 사이로 샴페인 한 잔 들고 걷다 보면 어느덧 불꽃놀이가 화려하게 펼쳐지는 경험을 할 수 있을 것이다. 11시경 행사를 마쳐도 파리 시내까지 광역 급행 철도(RER; Reseau Express Regional)로 20분 만에 올 수 있으니 한 번쯤 경험해 볼 만한 가치가 있는 행사이다.

    누구나 방문하는 장소인 몽마르트르 언덕에 올라 옥외카페에 여유 있게 앉아 커피나 맥주를 한잔하면서 화가들의 초상화를 그리는 모습이나 지나가는 사람들을 바라보면 진정한 파리지앵의 기분을 느낄 수 있다. 몽마르트르 언덕에서 바라보는 파리 전경도 에펠탑에서 바라보는 것 이상으로 훌륭하고 사크레쾨르 대성당과 파란 하늘을 배경으로 찍는 사진은 어느 장소보다 훌륭한 인생샷을 건질 수 있다. 개인적으로 너무 좋았던 장소는 빈센트 반 고흐가 그림을 그리며 살았던 마지막 도시 오베르쉬르우아즈이다. 국가철도인 RER을 타고 갈 수 있는 너무나 소박하면서 조용한 시골 마을이다. 고흐의 유명한 작품들의 소재가 된 건물 앞에는 고흐의 작품이 담긴 팻말이 서 있고 강렬한 색채의 보리밭도 감상할 수 있는 아름다운 여행지다. 프랑스의 소담스러운 시골 마을을 경험할 수 있으며 고흐를 추억할 수 있는 아름다운 도시다. 지금도 걸려있을지 모르지만 아이와 자유의 다리에 열쇠를 같이 걸어 두었다. 나중에 딸이 커서 파리 여행을 가면 찾아보기를 기대하면서….

스위스도 명소가 많지만 알프스의 풍경을 만끽할 수 있는 골든패스 라인을 한 번 타보기를 추천한다. 몽트뢰역과 츠바이짐멘역 구간의 아름다운 알프스 풍경을 큰 유리 창문을 통하여 감상할 수 있다. 인터라켄에 도착하면 누구나 방문하는 융프라우도 좋지만 곤돌라를 타고 갈 수 있는 산등성이에 자리잡고 있는 뮤렌이라는 작고 조용한 마을도 방문해 보면 스위스 산골 마을의 정취를 느낄 수 있을 것이다. 가파른 언덕 위에 자리잡은 통나무집이며 저 멀리 보이는 만년설이 쌓인 높은 산을 바라보며 한껏 여유를 부려보는 것도 좋을 듯 하다.

자유 여행을 준비하려면 여간 신경이 쓰이는 게 아니다. 숙소, 교통 및 여행 계획까지 철저하게 짜지 않으면 가족들의 투정과 잔소리를 견뎌야 한다. 하지만 여행하면서 마음에 담아온 추억들은 그 힘든 과정들을 상쇄시키고도 남는다. 그런 어려움이 싫으면 간단히 여행사의 패키지 상품을 이용하는 방법도 있다. 딸아이에게도 이때의 해외여행 경험이 성장하는 과정에서 세상을 조금 더 넓게 보는 기회를 주었던 것 같다. 어린 시절 기억들은 통째로 기억하지 못하더라도 순간순간의 기억들이 사진 필름처럼 토막토막 남아서 어렴풋한 이미지와 느낌으로 존재하나 보다. 그 과정에서 가족 간 믿음과 사랑이 커진다. 이렇게 해외여행을 경험한 딸은 해외 진출에 대한 용기를 가지는 계기가 되어 지금은 미국 휴스턴에서 박사 과정을 밟고 있다. 아들도 대입 시험을 치고 한 학기 동안 아르바이트로 모은 돈을 가지고 그해 겨울 배낭을 둘러메고 미국으로 한 달간 여행을 떠난 걸 보면서 그때 아이들과의 해외여행이 아이들 인생에 큰 영향을 미쳤다는 생각이 든다.

아이들이 여행 일정을 스스로 짤 수 있는 나이가 된 후 가는 여행에는 또 다른 재미가 있다. 어른보다 인터넷 사용이 자유롭고 SNS에 올리기 위하여 찍는 사진이 우리의 수준을 능가한다. 보정 기능까지 가미한 사진은 전문 작가의 작품 수준이다. 이런 경우에는 계획 수립부터 현지 여행까지 최대한 아이들의 계획을 인정해 주고 응원해 줘야 한다. 중간중간 도움을 주는 것만으로 아이들에게는 부모의 존재감을 보여줄 수 있다.

2019년 12월 크리스마스를 가족과 함께 해외에서 보내기로 하고 휴가 일정을 맞췄다. 이미 대학생이 된 큰아이와 중

2병을 슬기롭게 극복하고 고입을 준비하고 있던 아들과 함께 한 대만 여행이었다. 아이들이 가보고 싶다는 장소며 해보고 싶다는 의견을 모아서 계획을 수립했다. 정해진 계획을 수정하는 과정에서 이미 훌쩍 커버린 아이들을 보았다. 출발 전날 독감에 걸려 열이 펄펄 나는 아들을 억지로 설득하여 비행기에 탑승했다. 다행히 대만에 도착한 후 상태가 좋아져서 여행에는 큰 어려움은 없었다. 이렇게 가족이 함께 움직이는 여행에는 다양한 옵션을 준비해야 한다. 항상 돌발 상황이 기다리고 있기 때문이다. 갑자기 차를 놓치기도 하고, 누군가 움직이기 싫어하기도 한다. 이럴 때 추가 옵션이 없으면 감정이 상하거나 여행 내내 어색한 분위기가 연출되기 때문이다. 가족 모두의 기대를 만족시켜주는 여행이 최고지만 그렇지 못할 경우에 각자의 희망 사항을 스스로 성취해 볼 수 있도록 계획을 수립하는 방법도 좋은 계획이다. 함께 움직일 수 있는 일정과 나눠서 움직일 수 있는 계획 수립은 필수다.

이런 과정에서 부모는 아이들에게 자연스럽게 세상과 소통하는 법, 어려운 상황을 극복하는 방법을 가르쳐 줄 수 있다. 가족의 소중함은 덤으로 전해 줄 수도 있다. 해외여행을 하다 보면 자기가 가고 싶은 곳을 가지 못할 때도 있고 자기가 먹고 싶은 것을 먹지 못 하는 경우도 있다. 스스로 움직일 수 있는 능력이 없으면 그룹의 결정에 따를 수밖에 없기 때문이다. 이런 경험을 통하여 아이들에게 인생을 살아가는 동안 자기의 능력에 따라 흡수할 수 있는 정보가 다르고 그 정보의 차이에 따라 미래가 달라진다는 사실을 일깨워 주는 기회를 만들어야 한다.

앞으로 펼쳐질 글로벌 시대에서 생존할 수 있는 기본적이고 필수적인 교육이 해외여행이라고 생각한다. 가족과 함께 하는 해외여행을 통하여 아이들에게 많은 추억도 쌓아주고 미래를 준비할 수 있는 넓은 안목을 안겨줄 수 있기를 바란다. 부모들이 아이들에게 해 줄 수 있는 소중한 선물이 될 것이다.

가족과 대만 여행

나 홀로 여행, 지치지 않는 힘

혼자 걷는 길은 외롭고 빨리 지치기 쉽다. 요즘 뉴스에는 유독 혼술, 혼밥 등 나 홀로 삶에 대한 이야기가 많이 등장한다. 지속되는 불경기로 인하여 취업이 어려워지고 예전 세대에 비하여 불확실성이 커지면서 회사에 자기를 희생하기보다 개인이나 가족과의 시간에 우선적으로 가치를 부여하는 경우가 많아지는 것 같다. 또한 자녀 양육에 대한 부담으로 한 자녀나 무자녀인 핵가족 현상이 점점 늘어나고 있다. 이렇다 보니 가임여성 1명당 출산율이 2018년도에 0.98명으로 집계된 이후 지속적으로 낮아지는 추세이다. 점점 한국 가정의 자녀 수가 한 명 또는 무자녀 가정으로 변화하고 있다. 젊은이들에게 가정을 가지기보다 솔로생활을 선호하는 현상까지 발생하고 있다. 자의든 타의든 홀로 사는 사람이 많아지면서 욜로족(YOLO)이라는 단어까지 등장했다. 'You only live once'의 앞 글자를 따서 만든 신조어이다. 현재의 행복을 가장 중요시하며 자신만의 삶에 가치를 두는 사람을 표현하는 신조어이다. 비록 욜로족이 아니더라도 예전보다 주위 사람들과의 유대감은 많이 줄어들었고 혼자만의 시간이 점점 늘어나는 게 일반적인 현상이다. 나 홀로 삶은 생각만큼 자유롭지도 행복하지도 않은 경우가 많다. 나 혼자만의 시간이 많아지다 보면 외로움이 커지고 자존감이 점점 줄어드는 것은 인지상정이다.

'멀리 가려면 함께 가라'는 말이 있다. 외로움을 극복하고 삶의 행복을 느낄 수 있는 최고의 방법은 좋은 사람과의 만남임을 부인할 수는 없다. 하지만, 어쩔 수 없이 혼자만 생활해야 할 경우도 있고 사람들과의 만남이 여의치 않는 경우도 있기 마련이다. 사람과의 만남 속에서도 나만의 삶을 온전히 지탱해 나가기 위해서는 나만의 소신과 신념이 있어야 지치지 않고 앞으로 나아갈 수 있다. 그러기 위해서는 남들과 조금은 다른 생각도 해야 할 때가 있고, 그런 생각과 행동에 대해서 스스로 믿음을 가져야 할 때도 있다. 믿음을 가지기 위해서는 자신의 삶에 대한 논리가 명확해야 한다. 나만의 삶의 논리를 구체화하는 방법으로 나는 나 홀로 여행을 선택했다. 그래서 힘든 일이 생기거나 외로운 마음이 생길 때면 나 홀로 여행을 감행하면서 돌파구를 찾는다. 회사 업무상 혼자서 해외에

장기간 파견 생활을 한 적이 있었다. 이때 나를 지탱하게 해준 힘도 나 홀로 여행이었다.

2010년과 2011년 두 해에 걸쳐 약 9개월을 프랑스 파리에서 홀로 생활한 적이 있다. 파리 시내에서 전철로 30여 분 떨어진 생캉탱(Sait-Quentin)이라는 곳에서 파견 근무를 하게 되었다. 근처에 넓은 공원도 있고 파리에서 가장 날씨가 좋다는 늦봄에서 여름철의 파리는 매혹적인 도시이긴 했지만 나 홀로 삶을 살아야 하는 이방인에게는 그렇게 만만한 생활은 아니었다. 너무 외곽이다 보니 평일에는 호텔과 사무실을 오가는 것 외에는 근처 공원에서 운동밖에는 딱히 할 것이 없는 너무나 지루한 시간이었다. 그나마 주말이면 파리 시내에 나가서 필요한 물품도 사고 사람 구경도 하고 유명한 관광지를 둘러보면서 허전함을 메울 수 있었다.

파리라는 도시뿐 아니라 프랑스라는 나라는 여행하기에는 정말 매혹적인 나라다. 파리 시내 구석구석이 관광지이기도 하고 고속전철 테제베(TGV)를 이용하면 프랑스 어느 도시든지 하루 만에 구경할 수 있다. 특히 대부분 유럽의 전통 도시들과 같이 프랑스의 유명한 도시들은 하루만 걷거나 대중교통을 이용해도 그 도시의 속살을 들여다볼 수 있다. 한적한 유럽의 도시 속을 홀로 걷다 보면 잠시 멈춤을 경험할 수도 있다. 특히 지역의 정취를 느낄 수 있는 낯선 마을 길을 여유롭게 걸으면서 나의 삶을 뒤돌아보고 나의 앞날을 그려보곤 했다. 해외에서 나 홀로 여행할 경우 나는 유명한 여행지보다 그 지역의 속살을 들여다볼 수 있는 전통이 살아 숨 쉬는 중소 도시를 선호한다. 남들은 열심히 달려가고 있는 순간, 나만은 잠시 멈춰서서 나의 살아온 흔적들을 되짚어 보기도 하고, 내가 뭘 좋아하는지 앞으로 하고 싶은 일이 무엇인지 그리고 나는 누구인지를 생각해보곤 한다. 그렇게 나를 충전하면서 묵묵히 나만의 길을 갈 힘을 충전하곤 한다.

프랑스 파견 기간 중, 첫 삼 개월 동안은 주말을 이용하여 파리 시내 유명 관광지와 공원들을 구경하는 것만으로도 시간이 부족했다. 루브르 박물관만 해도 여유를 가지고 볼라치면 거의 하루 종일을 투자해야 한다. 개선문에서 샹젤리제 거리에 있는 가게들을 구경하는 것도 몽마르트르 언덕에 올라 따뜻한 햇빛을 맞으며 카페에 앉아 지나가는 사람들을 물끄러미 쳐다보는 것만으로도 이국의 정취를 물씬 느낄 수 있었다. 단체 여행에서는 느낄 수 없는 제대로 된 파리지앵의 기분을 느낄 수 있다. 그렇게 첫 세 달을 주말마다 파리 시내 구석구석을 섭렵한 후 제대로 된 프랑스의 정취를 느끼고자 다음 삼 개월은 프랑스 전통 도시들을 여행하기로 결심했다.

프랑스 교통패스 티켓 한 장이면 하루 동안 얼마든지 프랑스 고속전철인 테제베와 기차 편을 탑승할 수 있었기 때문에 프랑스 최남단의 마르세유까지도 당일치기 여행을 다녀올 수 있었다. 아침 첫 테제베를 타고 마르세유에 도착하여 마조르 대성당, 지중해문명 박물관 등 주요 관광지를 구경한 후 대표 음식인 부야베스를 맛본 후 찾은 곳이 마르세유에서 가장 오래된 시가지인 르파니에(Le Panier) 지구였다. 유럽 연합에 의해 유럽 문화와 스포츠 수도로 지정되어 주요 교역 중심지이자 프랑스에서 가장 큰 항구 도시이다 보니 구시가지에는 세월의 흔적이 가득 담긴 건물들이 즐비했다. 마르세유에서 가장 오래된 16세기 귀족이 살던 집이며 독특한 벽화들, 이색적인 가게들이 발길을 멈추게 했다. 프랑스의 평범한 작은 골목길에서 전시회를 하는 듯한 작품들 앞에서 잠시 멈춤을 실천할 수 있는 순간을 만난다. 아기자기한 소품이며 특색 있는 그림 앞에 잠시 멈춤을 즐기는 순간 느껴지는 바다 내음 또한 잊을 수가 없다.

 프랑스 왕들의 대관식이 개최되는 전통적인 도시 랭스에서 찾은 '테탕제'라는 샴페인 상파뉴 셀러에서의 기억과 손강과 론강이 흐르는 기름진 도시 리옹에서 만나 르네상스 시대의 리옹 모습을 고스란히 간직한 매력적인 생장거리에서 맛본 리옹식 전통 백반 '부송'과 샐러드 '리오네'는 리옹의 소박한 매력을 그대로 간직하고 있는 음식이었다. 세계문화유산으로 지정된 '리옹 구시가지'의 오래된 건물들 사이에 놓인 돌로 만들어진 길을 걷다보면 과거로의 시간 여행을 하는 듯한 기분까지 느낄 수 있었다.

전 세계 와인 생산량과 소비량 모두 세계 2위를 차지하는 와인의 본고장 보르도의 구시가지 산 피에르 지구에서 유명한 해산물 요리와 화이트 와인을 한 잔하면서 그 지역의 매력에 빠져 보기도 하고 프랑스의 정원이라고 하는 낭트의 아름다운 성들을 바라보며 프랑스의 역사 속으로 젖어 보기도 했다.

파리 근교에 있는 모네의 정원 '지베르니'와 고흐가 마지막까지 작품 활동을 펼쳤던 '오베르쉬르우아즈'라는 마을은 프랑스를 여행할 기회가 있으면 꼭 한 번 방문해 보기를 추천한다. 고흐의 유명한 작품의 소재가 된 '오베르의 교회'며 '보리밭'이 펼쳐져 있으며 그 앞에는 고흐의 그림을 설치해 놓아 색다른 감흥을 느낄 수 있다. 프랑스 작고 아늑한 정취를 제대로 느낄 수 있는 아기자기한 건물들을 바라보면서 산책하다 보면 어느새 나만의 길을 갈 수 있겠다는 자신감이 충만해진다. 끝까지 지치지 않고 나만의 길을 가는 힘, 그 힘이 내 안에 차곡차곡 쌓여야 내가 원하는 목표에 도달할 수 있다.

스마트폰도 없었던 시절, 프랑스에서의 홀로 9개월간의 생활은 외롭고 힘들기는 했지만 끊임없는 나 홀로 여행을 통하여 더욱 담대해질 수 있었고 끝까지 지치지 않는 힘을 충전하는 방법을 찾을 수 있는 기회였다. 그 기간 동안 야간 열차를

파리 근교의 화가 고흐 마을

타고 이탈리아 베네치아도 다녀오고 심야버스로 런던까지 여행을 했었다. 지금 생각해보면 스마트폰도 없이 어떻게 그렇게 용감하게 여러 곳을 돌아다녔는지 신기하기도 하지만 이런 도전적인 시도들이 모여 담담한 마음을 가진 지금의 나로 성장하지 않았나 생각한다.

당시 파리의 9개월 생활은 나 홀로 파견 생활이다 보니 어쩔 수 없이 외로움을 극복하기 위한 방법으로 나 홀로 여행을 실천한 반면 2017년부터 사우디아라비아에서의 파견 생활 동안은 여러 명의 동료와 함께한 과정에서 나 홀로 여행을 결심한 적도 있다. 사우디 파견 기간이 2년 정도를 지나다 보니 일상적인 사우디 생활에 지루함을 느끼기 시작했다. 사우디 여행 명소를 검색하다 보면 대부분이 모스크나 쇼핑몰이 나올 정도로 갈 곳이 없는 사우디에서의 생활에 점점 지쳐가던 나에게 지치지 않는 힘의 충전이 필요함을 느꼈다.

2019년 이드(Eid) 휴가를 이용하여 튀르키예의 나 홀로 여행을 감행했다. 최우선으로 선택한 목적지는 지중해 해변을 즐길 수 있는 안탈리아였다. 새파란 지중해 바다와 새빨간 일몰이 어우러진 도시, 튀르키예의 정감을 고스란히 간직한 안탈리아의 특색있는 거리를 누비는 사이 지치지 않는 힘의 기운을 느낄 수 있었다. 알록달록한 '우산 거리' 아래 작은 카페에서, 울긋불긋한 해변가 파라솔 아래에서 그리고 석양이 보이는 이쁜 카페에 홀로 앉아서 느끼는 잠시 멈춤의 여유는 어디에도 비유할 수 없는 편안함과 묘한 기운을 느끼게 한다. 근교에 위치한 석양이 아름다운 '시데'며 '뒤덴 폭포' 등을 지역 투어 가이드를 통하여 즐기는 것도 색다른 여행의 묘미를 느낄 수 있다.

이스탄불로 옮겨서 튀르키예의 역사를 간직한 '아야 소피아', '톱카프 궁전', '그랜드 바자르' 등 유명한 명소를 둘러보는 것은 기본이고 가장 의미를 둔 방문지는 역시 이스탄불의 정감을 느낄 수 있는 구시가지 골목길이었다. 탁심 광장에서 갈라타 타워를 거쳐 갈라타 다리까지 이어지는 거리는 튀르키예의 모든 것을 보고 느낄 수 있는 거리다. 사람, 가게, 건물이 옹기종기 모여 있는 거리를 걷다 보면 어느새 나는 도시의 일부가 되어 있곤 한다. 유명한 고등어 케밥도 맛보고 해질 녘에 갈라타 다리에서 바라보는 일몰 또한 장관을 연출한다.

이민규 교수님의 『지치지 않는 힘』이라는 저서에서 이 시대를 사는 우리에게 유용하고 필요한 덕목은 빨리 이루고 많이 성취하는 힘보다 끝까지 지치지 않고 자신의 길을 가는 힘이고 '지치지 않는 힘은 자신을 끊임없이 아끼고 위하는 자세에서 비롯된다'고 강조하셨다. 특히 저서에서 지치지 않기 위해서는 '멀리 내다보기, 남다르게 시도하기, 감사하고 사랑하기, 멈추고 생각하기'라는 친근하고 정감 있는 충고를 해 주신다. '멀리 가려면 쉬어 가라, 소리 없는 벌레가 벽을 뚫는다, 죽은 나무는 설레지 않는다, 무소의 뿔처럼 혼자서 가라' 등의 소제목과 그 속에 녹아 있는 주옥같은 말씀을 보면서 내가 실천하는 나 홀로 여행을 통한 잠시 멈춤이 나를 지치지 않게 해주는 소중한 비결임을 느낄 수 있었다.

원시불교의 경전인 『수타니파타』에 실린 시 「무소의 뿔처럼 혼자서 가라」의 마무리는 다음과 같다.

소리에 놀라지 않는 사자와 같이
그물에 걸리지 않는 바람과 같이
흙탕물에 더럽히지 않는 연꽃과 같이
무소의 뿔처럼 혼자서 가라.

'무소의 뿔처럼 혼자서 가라'는 혼자서 살라는 말이 아니라 다른 사람들의 의견에 휘둘리지 말고 자신이 진심으로 옳다고 믿는 바를 선택하라는 뜻이라고 한다. 이렇게 굳건하게 나만의 길을 가려면 지치지 않아야 가능하다. 끝까지 지치지 않고 자신의 길을 가는 힘이 있어야 내가 원하는 목표에 도달할 수가 있다.

발길 닿는 대로 | 걷기

유홍준 교수님의 『나의 문화유산답사기』 1권 첫 장에는 남도 답사 일번지 강진·해남 편이 나온다. 강진과 해남 일대의 아름다운 명소들이며 유명 맛집까지 맛깔나게 소개해 놓은 책이다. 영랑생가며 다산초당을 비롯하여 해태식당 등 정감 넘치는 남도의 아름다운 풍경들이 아직도 아련히 가슴 속에 남아있다.

    여행을 참 좋아하여 성인이 된 후부터 시간이 날 때마다 산이며 바다는 물론이고 유명 관광지를 돌아다녔다. 당시 나의 여행은 항상 철저한 계획과 준비를 수반한 여행이었다. 30년 전 회사 동료 두 명과 강진과 해남 지역 여행 계획을 세웠었다. 나는 나의 문화유산 답사기를 참고해서 책에 나오는 유명한 명소와 식당을 시간대별로 방문하는 계획을 세웠고 숙제하듯이 여행을 마무리한 기억이 난다. 이런 여행 방법은 한동안 계속되었다. 유명한 관광지를 선정한 후 철저한 계획을 세우고 명소 위주로 최대한 많은 장소를 섭렵하는 것에 가치를 두었다.

이런 나의 여행 패턴은 또 다른 멘토인 여행작가 '김성주' 작가를 만나며 완전히 바뀌었다. 서울에 처음 올라와 무료한 저녁시간을 채우기 위해 찾은 종로의 정독도서관에서 개최한 김성주 작가의 '도서관 길 위의 인문학 여행' 강좌를 접하게 되었다. 김 작가께서 하신 말씀 중에 "유명 관광지는 꼭 가봐야 한다. 왜? 다시는 안 오기 위해서"라는 말이 아직도 기억난다. 안 가보면 항상 마음에 남아 있고 정작 가보면 기대에 못 미쳐 실망하는 경우가 많기 때문에 한 번은 가볼 가치가 있다는 이야기다. 강의마다 전국의 유명한 흙길이며 둘레길을 소개해 주셨고 강의 후 북촌, 서촌 인근의 골목길을 같이 걸으며 길가에 핀 꽃이며 나무에 대해 이야기하는 시간도 가지고 시도 낭독하며 여유로운 여행의 참맛을 느낄 수 있는 순간들이었다.

나의 초반 외국 여행은 계획 수립에 대한 강박이 더 심했던 것 같다. 내가 언제 다시 이곳을 올 수 있을지 모른다는 불안감으로 짧은 시간에 최대한 많은 장소를 훑어보기에 급급했다. 해외 출장을 갈 때도 반나절 정도만 시간이 있어도 미리 그 지역의 사전 지식을 소개한 책자를 한 권 사서 세밀히 읽어 보고 계획을 세워서 유명 장소를 꼭 둘러보고는 했었다.

이런 숨가쁜 여행 패턴이 앞에서 얘기한 NAPA사 부사장의 초대로 방문한 헬싱키 외곽에 위치한 별장여행을 계기로 많이 바뀌게 되었다. 별장에 초대된 우리는 알몸이 되어 호수에서 수영, 낚시, 요트, 바비큐를 즐기고 핀란드 정통 사우나까지 체험하면서 이국의 정취에 푹 빠질 수 있었다. 그때 '그래, 이렇게 편안한 마음으로 자연을 즐기면서 여유롭게 시간을 보내는 것이 진짜 여행이구나'라는 느낌을 받았다.

그 이후 여전히 바쁘게 돌아다니는 여행을 선호하기는 했지만 한 번씩 변화를 시도하게 되었다. 프랑스 파리에서의 파견 기간에도 여행을 갈 기회가 있으면 유명장소뿐 아니라 가능하면 그 도시의 정취를 느낄 수 있는 골목길을 둘러보거나 길가 카페에 앉아서 잠시라도 여유 있게 커피를 마시거나 와인을 한 잔 하는 여유를 부리곤 했었다. 지금도 파리 근교 마을에서 서두르지 않고 하루 동안 식사도 하고 벤치에 앉아서 책을 보기도 하면서 하루를 여유롭게 보낼 수 있었던 기억이 아른하게 남는다.

헬렌 켈러의 유명한 '내가 3일 동안 볼 수 있다면'이란 감사 기도 중 첫째 날의 기도에는 '친절과 겸손과 우정으로 내 삶을 가치 있게 만들어준 사람들을 보고 싶습니다. 오후가 되면 오랫동안 숲속을 산책하면서 바람에 나부끼는 나뭇잎들과 들꽃, 그리고 석양에 물든 노을을 보고 싶습니다'라고 적혀있다. 눈이 보이지 않던 헬렌 켈러가 눈을 뜰 수만 있으면 가장 보고 싶었던 것이 바로 나를 가치 있게 해준 정겨운 사람들과 숲속을 산책하며 나뭇잎, 들꽃 그리고 석양에 물든 노을이라고 말했다는 것이다.

조금만 여유를 가지고 우리 주위를 둘러보아도 소중하고 아름다운 볼거리들이 너무나 많다는 것을 알 수 있다. 굳이 유명 명소를 찾아 몇 시간을 달려가지 않아도.

아름다운 길 연구가 김성주 작가께서 소개한 전국의 몇몇 장소들을 다녀온 적이 있다. 그곳을 방문할 때는 최대한 편안한 마음으로 여유를 즐긴다. 서울 올라와서도 한동안 여유롭게 걸었던 둘레길로는, 정독도서관 근처에 있는 북촌 한옥마을을 비롯하여 삼청동 골목길, 와룡공원 뒤에 숨겨진 성북동이 내려다보이는 성곽길을 포함하여 북한산 둘레길 등 서울에 숨겨진 흙길과 골목길들이었다. 서울 도심 한복판에도 얼마든지 여유롭고 편안한 길들이 많다. 담양은 소쇄원이며 죽녹원 등의 명소가 유명하지만, 인근에 위치한 관방제림과 메타세콰이어 가로수길이 더욱 인상적이고 제대로 여유를 만끽할 수 있는 장소다. 아침 해 뜰 무렵 관방제림 뚝방길을 걸었던 기억은 아직도 아스라이 추억으로 남아 있다. 게다가 근처에 있는 '뚝방 국수'도 일미였다.

여유로운 여행에 최고 방점을 찍은 여행은 2023년 초 가족들과 함께한 미국 한달살이였다. 사우디에서 복귀하여 휴가 기간이었고, 딸도 미국 휴스턴 유학이 결정되어 준비하는 기간이었으며 아들은 대입수능을 마치고 대학 지원을 해놓은 절묘한 기간이었다. 나도 미국여행은 처음이었고 가족들이 다 같이 움직이는 여행이라 무작정 여유롭게만 여행을 할 수 있는 상황은 아니었다. 하지만 최대한 자유로운 일정으로 현지의 문화와 분위기를 즐기는 쪽으로 계획을 세웠다. 이동은 렌터카를 이용했고 직접 음식을 조리할 수 있는 곳으로 숙소를 잡았다. 한국에서도 요리에 필요한 기본 양념류는 준비해갔으며 미국에 도착하자마자 월마트에서 밥통이며 기본적으로 필요한 조리기구를 구매하여 여행을 시작했다.

한 달 동안을 가족이 움직이다 보니 누군가는 아픈 날도 있었고 누군가는 짜증난 날도 있었다. 패키지 여행을 가면 아프든 다치든 일행의 여정에 맞춰야 하지만, 이렇게 자유로운 가족 여행은 얼마든지 일정 조율이 가능하다. 누군가 아프면 하루는 집에서 쉴 수도 있고, 차를 타고 달리다 이쁜 장소가 보이면 내려서 한동안 정취를 만끽할 수도 있다. 지인이 있으면 연락해서 만날 수도 있으니 얼마나 행복한 여행인가? 휴스턴에 들려 딸이 다닐 학교도 둘러보고 친하게 지냈던 고등학교 후배 가족도 만나서 식사도 하는 여유를 즐길 수 있는 것은 다양한 여행을 경험하며 성장한 덕분이라고 생각한다.

여행뿐 아니라 인생을 살아가는 것도 마찬가지라고 생각한다. 많은 사람들은 자신이 자존감이 부족하다고 생각하고 어떻게 살아야 할지 두려워하고 걱정하곤 한다. 얼마 전 들은 법륜 스님 강의에서 자존감이 부족하다는 것은 자기의 능력보다 더 큰 욕심을 부리기 때문이라는 말씀을 들은 적이 있다. 너무 잘 살려고 애쓰지 말라고 하셨다.

다람쥐가 아침에 일어나 도토리를 주우러 나갈 때 오늘은 목표가 몇 개지?, 오늘 도토리를 못 구하면 어쩌지?, 다른 다람쥐는 나보다 더 많이 주워오는데, 내가 능력이 없는 게 아닐까? 라는 걱정과 다짐을 하는 경우는 없다고 하시면서, 그냥 도토리를 주우러 나가면 된다고 하셨다. 그날 못 주우면 다음 날 나가서 주우면 된다고 하셨다.

세상을 살아가면서 계획을 수립하고 성취를 해나가는 순간이 모여 성공을 하면 남보다 앞서 나간다고 느끼는 것은 사실이다. 하지만 그렇게 애쓰지 않아도 살아는 진다. 스스로의 능력을 정확히 인식하고 내가 가진 만큼 행동하며 지치지 않고 살아갈 수만 있으면 인생은 충분히 살 만하고 행복한 곳이라고 생각한다.

누구도 알아주지 않는 잡초과의 민들레 같은 삶을 생각해 보라. 어디에서도 살아남을 수 있는 생명력을 가지고 바람이 불면 바람이 부는 대로, 꽃씨가 앉은 자리가 양지바른 곳이든 삭막한 담벼락이든 발길이 닿는 대로 자유롭게 살아 보자.

여유로운 마음으로 세상을 바라보며 흐르는 강물처럼 오늘 하루쯤은 발길이 닿는 대로 걸어보자.

미국 그랜드케년 여행

참고문헌

캐런 엘리엇 하우스,『사우디아라비아』, 메디치미디어, 2016
군둘라 엥리슈,『잡노마드 사회』, 문예출판사, 2002.
김종래,『CEO칭기스칸』, 삼성경제연구소, 2002.
노먼 F. 매클린, 이종인 역,『흐르는 강물처럼』, 연암서가, 2021.
미겔 데 세르반테스 사아베드라,『돈키호테』, 열린책들, 2014.
박일권,「꼰대에 관하여」,『한겨레신문』, 2017.11.15.
사이토 다카시, 장은주 역,『혼자 있는 시간의 힘』, 위즈덤하우스, 2023.
스펜서 존슨,『누가 내 치즈를 옮겼을까?』, 진명출판사, 2015.
이민규,『지치지 않는 힘』, 끌리는책, 2018.
이범용,『습관의 완성』, 스마트북스, 2020.
이정동,『축적의 길』, 지식노마드, 2017.
이지훈,『혼.창.통』, 쌤앤파커스, 2010.
조서환,『모티베이터』, 위즈덤하우스, 2011.
조윤제,『다산의 마지막 습관』, 청림출판, 2023.

https://www.mk.co.kr/news/culture/view/2019/12/1061081/
http://www.kyeongin.com/main/view.php?key=20190106010001771
https://blog.naver.com/nong-up/221485520525
http://www.hani.co.kr/arti/opinion/column/819209.html
https://blog.naver.com/kyobofoundation?Redirect=Log&log-

No=221316286260(혁신의 키워드: 고수와 기록 그리고 끈기)

https://blog.naver.com/hasangin21/221917988870

https://blog.naver.com/brucejeun/221857630051

https://blog.naver.com/astroray/221918985175

정건출,
조선기술사로 살다

초판 1쇄 발행   2024년 7월 25일

지은이   정건출
펴낸이   주혜숙
펴낸곳   역사공간
등록   2003년 7월 22일 제6-510호
주소   04000 서울특별시 마포구 동교로 19길 52-7 PS빌딩 4층
전화   02-725-8806
팩스   02-725-8801
이메일   jhs8807@hanmail.net

ISBN   979-11-5707-618-5   03810

• 책값은 뒤표지에 있습니다. 잘못된 책은 바꾸어 드립니다.